Inhalt

Ein Wort zuvor 4

Überlegungen vor der Anschaffung 5
Zebrafinken als Heimtiere 5
Passen Zebrafinken wirklich zu Ihnen? 6
Wo Sie Zebrafinken bekommen 6
Worauf Sie beim Kauf achten sollten 7
Woran Sie gesunde Zebrafinken erkennen 8
Wer versorgt die Zebrafinken im Urlaub? 8

Unterbringung und Ausstattung 9
Das richtige Vogelheim 9
Käfige und Kleinvolieren 9
Zimmervoliere und Vogelstube 11
Vogelhaus und Freivoliere 13
Selbstgebaute Vogelheime 14
Der richtige Standort 15
Temperatur und Luftfeuchtigkeit 15
Licht und Beleuchtung 15
Sitzgelegenheiten für Zebrafinken 16
Schlaf- und Brutnester 19
Futter- und Wassergefäße 20

Artgemäßes Futter – richtige Fütterung 21
Futter und Fütterung 21
Körnerfutter 21
Keimfutter 23
Grünfutter und Obst 23
Weich- und Aufzuchtfutter 25
Mineralien und Spurenelemente 25
Vitamine 26
Sand und Wasser 29

Haltung und Pflege 30
Heimtransport und Eingewöhnung 30
Pflegearbeiten 31
Gefahren für Ihre Zebrafinken 32
Der Umgang mit Zebrafinken 32
Gefahrenkatalog 33
Wie Zebrafinken den Tag verbringen 34
Zebrafinken und andere Vögel 36

Vermehrung und Zucht 37
Überlegungen zuvor 37
Die Partnerwahl 38
Nest und Nistmaterial 38
Der Nestbau 39
Eiablage und Brut 40
Aufzucht der Jungen 41
Das Aufwachsen der Jungen 42
Probleme bei der Zucht 44
Was sie über Farbschläge wissen müssen 44
Ratschläge für den Anfänger 47
Wie vererben sich die Farben? 48
Die wichtigsten Farbschläge 49

Wenn Zebrafinken krank werden 51
Vorbeugen ist der beste Schutz 51
Allgemeine Krankheitsanzeichen 51
Erste Behandlungsmaßnahmen 51
Der Krankenkäfig 52
Die Vogelapotheke 53
Der Gang zum Tierarzt 53
Krankheiten und ihre Behandlung 53
Katalog der Krankheitssymptome 54

Zebrafinken verstehen lernen 58
Der Zebrafink und seine Familie 58
Die Anatomie des Zebrafinken 58
Lebensraum und Verbreitung 60
Verhaltensweisen des Zebrafinken 61
   Das Leben in Schwarm und Kolonie 61
   Gefiederpflege 61 – Nahrungsaufnahme 62 – Angstverhalten 62 – Aggressives Verhalten 65 – Laute und Rufe 65
Wie sich Zebrafinken erkennen 66
Paarbildung und Balz 66
Brut und Aufzucht 67
Domestikationsfolgen 69

Bücher und Adressen, die weiterhelfen 70

Sachregister 71

Ein Wort zuvor

Prachtfinken bevölkern die Käfige und Volieren unzähliger Vogelfreunde, denn dem Reiz dieser exotischen Vögel kann sich wohl kaum einer entziehen. Wollte man für die Beliebtheit von Vogelarten Plätze verteilen, dann nähme der Zebrafink ganz sicher einen der ersten ein. Der australische Prachtfink ist beliebt, weil er hübsch aussieht und weil er auch in der Obhut des Menschen von der Balz bis zum regen Familienleben in der Kinderstube alle natürlichen Verhaltensweisen zeigt.

Zebrafinken sind ausgesprochen gesellige Vögel, die auf einen Artgenossen als Partner nicht verzichten können; man darf sie also nur paarweise halten. In ihrer Heimat Australien schließen sie sich zu großen Schwärmen zusammen, die in den Halbwüstengebieten, aber auch in jeder Form von Kulturland – sogar in Gärten – Nahrung suchen und brüten. Ihre natürlichen Verhaltensweisen, nämlich eine feste Paarbindung und ein ausgeprägtes Brutverhalten, haben dazu beigetragen, daß Vogelfreunde sie seit über hundert Jahren problemlos züchten können. Alle bei uns erhältlichen Zebrafinken stammen aus Zuchten, so daß der Vogelhalter mit Eingewöhnungsschwierigkeiten, wie sie bei sogenannten Wildfängen häufig sind, nicht rechnen muß.

Der Autor dieses Heimtier-Ratgebers, Hans-Jürgen Martin, beschreibt ausführlich, was ein Zebrafinkenfreund über die artgemäße Haltung und Pflege wissen sollte – aber auch der erfahrene Zebrafinkenhalter wird in dem großen Kapitel über die Zucht viel Neues finden. Seit vielen Jahren züchtet der Autor mit großem Erfolg Zebrafinken und hat sich mit den vielen kleinen und großen Fragen einer artgemäßen Haltung ausgiebig beschäftigt. Anschaulich und sachkundig gibt er praxiserprobte Ratschläge und erläutert Wissenswertes – von der Anschaffung, der artgemäßen Unterbringung, der richtigen Ernährung bis hin zur Zucht.

Im Sonderkapitel »Zebrafinken verstehen lernen«, beschreibt der Autor die Lebens- und Verhaltensweisen der wildlebenden Zebrafinken in ihrer australischen Heimat, wobei er vor allem die Veröffentlichungen von Klaus Immelmann zu Rate zieht.

Dr. Klaus Immelmann, Professor für Biologie an der Universität Bielefeld und Leiter des Lehrstuhls für Verhaltensphysiologie, gebührt ein ganz besonderer Dank: Er hat das Manuskript zu diesem Ratgeber kritisch durchgesehen und wertvolle Anregungen und Hinweise gegeben. Der Wissenschaftler, der als der bekannteste Zebrafinkenforscher des deutschen Sprachraums gilt, hat zahlreiche Studienreisen nach Australien unternommen, wobei er sich vor allem der Untersuchung der Lebensweise des Zebrafinken gewidmet hat.

Die informativen Zeichnungen von Gertrud Thomas, die selber Zebrafinken hält, und erstmals veröffentlichte Farbfotos, darunter auch Aufnahmen von Zebrafinken in ihrem natürlichen Lebensraum, fotografiert von den beiden bekannten Tierfilmern Arendt und Schweiger, erhöhen den Informationswert dieses Buches. Auch der Autor selbst hat außergewöhnliche Farbfotos beigesteuert, wie zum Beispiel die Verhaltensstudien sowie die Aufnahmen von den ersten Lebenstagen der Zebrafinkennestlinge.

Überlegungen vor der Anschaffung

Zebrafinken als Heimtiere

Zebrafinken gehören seit langem zu den beliebtesten Ziervögeln, da sie sich – neben den Japanischen Mövchen – von allen Prachtfinken am leichtesten halten und züchten lassen.
Bevor Sie sich aber zum Kauf dieser hübschen und munteren australischen Prachtfinken verführen lassen, sollten Sie zunächst bedenken, daß der Zebrafink zwar seit über hundert Jahren gezüchtet und als Heimtier gehalten wird, in seinem Verhalten aber weitgehend ein Wildvogel geblieben ist. Das bedeutet: Er besitzt nicht das ruhige Wesen von Kanarienvogel oder Wellensittich, sondern hat – wie alle Prachtfinken – einen deutlich stärkeren Bewegungsdrang und eine größere Fluchtdistanz zum Menschen, den er zudem niemals als Ersatzpartner für den fehlenden Artgenossen anerkennen kann. So lernfähig und zutraulich wie einige andere Vögel ist er also nicht. Und wer gar ein Tier zum Anfassen und Streicheln sucht, sollte sich besser Säugetiere anschaffen. Hinzu kommt noch, daß Zebrafinken Schwarmvögel sind. In ihrer australischen Heimat leben und brüten sie das ganze Jahr über in Verbänden, die sich auf der Suche nach Futter und Wasser zu großen Schwärmen zusammenschließen. Es handelt sich also um Gruppentiere, die ständig auf ihre Artgenossen angewiesen sind (→ Seite 61). Es ist deshalb zu empfehlen, mehr als nur ein Paar Zebrafinken zu halten, sofern eine geräumige Voliere zur Verfügung steht. Das ausgeprägte Sozialverhalten dieser Prachtfinken kommt erst im Schwarm zur Geltung, weshalb ein »Kleinverband« von zwei oder drei Pärchen ein guter Kompromiß ist. Langeweile wird hier nicht aufkommen, es gibt immer einen Nachbarn zu besuchen, einen Nistplatz zu verteidigen oder ein kleines Konzert zu veranstalten.

Als interessierter Vogelbeobachter werden Sie aber auch mit einem Paar viel Freude haben – immer vorausgesetzt, Sie beschränken sich tatsächlich aufs Beobachten und erwarten von Ihren Pfleglingen nicht zu viel. Mit einer besonderen »Anerkennung« für Ihre Pflegearbeit dürfen Sie niemals rechnen, die Vögel hätten im Gegenteil nichts dagegen, wenn Sie die Versorgung und Reinigungsarbeiten aus gebührender Distanz erledigen könnten.

Bei Zebrafinken läßt sich das Männchen (links) durch die orangen Kopfseiten und die Zeichnung auf der Brust und Flanke leicht vom Weibchen (rechts) unterscheiden.

Zebrafinken sind aber die idealen Vögel, um im privaten Bereich Verhaltensforschung zu betreiben – besonders für Berufstätige. Solange Sie außer Haus sind, werden die Vögel Sie nicht vermissen; und in Ihrer Freizeit können Sie dann mit Muße alle natürlichen Verhaltensweisen kennenlernen, insbesondere das Brutgeschäft. Aufgrund ihrer Domestikation eignen sich Zebrafinken nämlich fürs Beobachten besser als alle anderen, zum Teil sehr scheuen Prachtfinken.

Überlegungen vor der Anschaffung

Passen Zebrafinken wirklich zu Ihnen?

Als Tierfreund streben Sie sicher eine möglichst artgerechte Haltung und Pflege Ihrer Vögel an. Aber kennen Sie auch genau die Bedürfnisse von Zebrafinken? Sie sollten sich nur dann für diese Heimtiere entscheiden, wenn Sie die folgenden Fragen uneingeschränkt bejahen können:

● Wissen Sie, daß Zebrafinken – im Gegensatz zu Wellensittichen und Kanarienvögeln – immer relativ wild und scheu bleiben und nur wenig lernfähig sind? Sie werden deshalb nie handzahm.

● Ist Ihnen klar, daß Sie Zebrafinken (wie alle Prachtfinken) nie einzeln halten dürfen? Da sie sich dem Menschen nicht anschließen können, vermissen einzeln gehaltene Zebrafinken ihre Artgenossen ganz besonders und leiden daher noch mehr als viele andere (größere) Heimvögel. Die Folgen sind Verhaltensstörungen, Anfälligkeit gegenüber Krankheiten und oft genug der Tod.

● Können Sie zwei oder mehr Zebrafinken wirklich artgerecht unterbringen? Trotz ihrer geringen Körpergröße brauchen diese lebhaften Tiere ständig genügend Flugraum, also mindestens einen geräumigen Flugkäfig, der nicht gerade billig ist (→ Seite 9).

● Haben Sie einen Raum zur Verfügung, in dem die Vögel nicht durch laute Musik, ein Fernsehgerät oder gar Tabakrauch belästigt werden?

● Werden die Vögel auch dann gut versorgt, wenn Sie einmal verreisen oder ins Krankenhaus müssen?

● Haben Sie täglich mindestens eine halbe Stunde Zeit, sich ausreichend um ihre Pfleglinge zu kümmern (→ Seite 31)?

● Können Sie den täglich in Ihrer Wohnung anfallenden Schmutz ertragen? Zebrafinken sind zwar nur Vogelzwerge, aber auch sie verlieren Federn und Gefiederstaub, streuen Samenhülsen und Sand umher. Selbst das geräumigste Vogelheim kann das nicht verhindern. Und Sie können das den Vögeln nicht abgewöhnen.

● Sind Sie sicher, daß Sie oder Familienmitglieder nicht gegen Federn oder Vogelkot allergisch sind? Bei Allergie-Verdacht sollten Sie Ihren Arzt konsultieren.

● Sind alle Familienmitglieder mit Ihren Plänen einverstanden? Manche Menschen sind schon gegen das ständige Flattern oder den Gesang von Vögeln »allergisch«.

● Haben Sie auch das Nachwuchs-Problem bedacht? Ein brutwilliges Zebrafinken-Pärchen ist kaum vom Brüten abzuhalten. Die Jungen verlangen natürlich besondere Aufmerksamkeit sowie zusätzlichen Raum und müssen schließlich abgegeben werden (→ Seite 37).

Wo Sie Zebrafinken bekommen

Wenn Sie sich Zebrafinken anschaffen möchten, haben Sie zwei Möglichkeiten:

● Sie kaufen die Vögel in einer Zoofachhandlung oder in der Zoofachabteilung eines Kaufhauses. Dort können Sie oft aus einem großen Angebot auswählen. Allerdings kann man dort nie ganz sicher sein, ob ein Pärchen nicht miteinander verwandt ist; vor allem Geschwisterehen sollte man nach Möglichkeit vermeiden.

Im Fachhandel angebotene Zebrafinken sind in der Regel jünger als ein Jahr. (Bei guter Pflege können Zebrafinken rund zehn Jahre alt werden.)

● Sie kaufen Ihre Zebrafinken bei einem Amateur-Züchter. Das ist vor allem dann

Überlegungen vor der Anschaffung

sinnvoll, wenn Sie sich für einen bestimmten Farbschlag interessieren oder vielleicht sogar eine Schauzucht aufbauen wollen. Sie sollten sich zu diesem Zweck auf Vogel-Ausstellungen umsehen und sich um Adressen erfolgreicher Aussteller bemühen (→ Vereine Seite 70).
Von der Möglichkeit, sich Vögel durch den Versandhandel schicken zu lassen, rate ich dringend ab. Denn Sie haben keinen Einfluß darauf, welche Tiere eingepackt werden und in welchem Zustand sie bei Ihnen ankommen. Einen kranken Vogel müßten Sie sofort zurückschicken; der nochmalige Transport würde seinen sicheren Tod bedeuten.

Worauf Sie beim Kauf achten sollten

Bevor Sie Ihre Zebrafinken auswählen, sollten Sie sich zuerst einmal genau ansehen, wie die Vögel untergebracht sind. Eine gut geführte Zoofachhandlung oder -abteilung hält Ziervögel in ausreichend großen Verkaufsboxen oder Volieren, die stets sauber und mit Sand ausgestreut sind. Die Tiere haben genügend Licht und Luft sowie frisches, unverschmutztes Futter und Wasser.
Leider gibt es auch Tierhandlungen, die diese Anforderungen nicht erfüllen und die Vögel unter ziemlich erbärmlichen Bedingungen halten. Achten Sie also darauf, daß Sie nur gut gehaltene, gesunde und kräftige Tiere kaufen (→ Seite 8). Es sollte Ihnen dabei auf ein paar Mark nicht ankommen – viel wichtiger ist die Gesundheit der Tiere, die in einer guten Zoofachhandlung am ehesten gewährleistet ist.
Ob der Verkäufer sein Handwerk versteht und Sie gut berät, merken Sie übrigens in einem Gespräch um so eher, je besser Sie selbst informiert sind. Beim Kauf kann Ihnen natürlich auch ein erfahrener Vogelhalter behilflich sein.
Vielleicht beobachten Sie unter den Zebrafinken ein erwachsenes Pärchen, das eng zusammensitzt, sich gegenseitig das Gefieder krault und weitere gemeinsame Aktivitäten zeigt. Nehmen Sie dann Rücksicht auf diese Paarbildung und erwerben Sie die zwei zusammen. Sie tun den beiden damit einen Gefallen und haben zwei Vögel, die sich garantiert gut verstehen.

Zebrafinken brauchen viel Platz zum Fliegen, am besten sind sie daher in einer Voliere untergebracht.

Die Geschlechter lassen sich übrigens ganz einfach durch das ganzjährige Prachtkleid des Hahns unterscheiden. Das Weibchen besitzt nur den Tränenstrich und die schwarzweiße Schwanzbänderung (→ Foto Titelseite). Bei weißen Zebrafinken müssen Sie sich allerdings am Schnabel orientieren: er ist beim Hahn meistens deutlich dunkler als bei der Henne.

Überlegungen vor der Anschaffung

Woran Sie gesunde Zebrafinken erkennen

Auch als Laie können Sie mit Hilfe einiger Anhaltspunkte beurteilen, ob ein Zebrafink gesund und ein guter Zuchtvogel ist:

● Das Verhalten: Macht ein Vogel Ihrer Wahl einen munteren Eindruck, frißt oder trinkt er, pflegt er sein Gefieder und beschäftigt sich mit seinen Artgenossen? Kranke Vögel sitzen meist aufgeplustert und mit zugekniffenen Augen auf einer Stange oder dem Käfigboden.

● Das Gefieder: Es soll glatt anliegen und keine größeren Lücken aufweisen. Verklebtes Gefieder um die Kloake herum weist auf eine Darmerkrankung hin, die auf falsche Haltung oder unsauberes Futter und Wasser zurückzuführen ist.
Hat ein Vogel allerdings gerade gebadet, sieht das Gefieder natürlich etwas struppig aus. Im Zweifelsfall sollte der Verkäufer den Vogel in die Hand nehmen und gegen die Afterfedern blasen, damit die Kloake sichtbar wird.

● Die Beine: Sind sie gerade, glatt und sauber? Eine ungewöhnliche Stellung zeigt einen Bruch an, die Hornschuppen dürfen nicht abstehen, die Zehen und Krallen müssen vollständig sein.

● Der Körperbau, der auch als »Typ« bezeichnet wird: Der Körper sollte gedrungen und tropfenförmig sein mit breiter Schulter, breiter Brust und einer geraden Rückenlinie. Ein deutlich abgeknickter oder geteilter Schwanz, hängende Flügel, ein hohler oder gewölbter Rücken oder eine kantige Brust sind Typfehler, die sich leicht weitervererben. Wenn Sie von Ihren Zebrafinken Nachwuchs wünschen, sollten Sie auf den Körperbau achten (→ Seite 47).

Wer versorgt die Zebrafinken im Urlaub?

Wie jeder Tierfreund müssen Sie sich vor der Anschaffung überlegen, wer Ihre Zebrafinken versorgt, wenn Sie das selbst einmal nicht tun können. Das ist ja vor allem bei Urlaubs- und Geschäftsreisen der Fall. Am einfachsten ist es wohl, Freunde, Bekannte oder Nachbarn zu bitten, für die Zeit Ihrer Abwesenheit die Pflege zu übernehmen. Stellen Sie vorher alle Futtersorten bereit und hinterlassen den Käfig oder die Voliere(n) in tadellosem Zustand. Informieren Sie die Urlaubsvertretung genau (und auch schriftlich) über alle nötigen Arbeiten sowie über alle Problemfälle. Ein Prachtfinkenliebhaber in Ihrem Bekanntenkreis wird die Tiere natürlich am besten versorgen.
Sie können Ihre Vögel auch einer Zoofachhandlung gegen Entgelt anvertrauen; informieren Sie sich dort bitte rechtzeitig. Diese Möglichkeit ist für Ihre Pfleglinge allerdings nur eine Notlösung: sie geraten in eine völlig fremde Umgebung und müssen (wenn sie bei Ihnen in einer großen Voliere leben) mit einem kleinen Ersatzkäfig vorlieb nehmen. Wenn die Tierhandlung nicht in unmittelbarer Nähe liegt, sollten Sie Ihre Zebrafinken in einem kleinen Transportkasten aus Holz transportieren oder in einer Pappschachtel, wie Sie sie beim Kauf von kleinen Vögeln erhalten.

Unterbringung und Ausstattung

Das richtige Vogelheim

Das Wichtigste vor der Anschaffung eines Vogelpärchens ist ein Vogelheim, das eine artgemäße Haltung ermöglicht. Wenn Sie sich in einer Zoofachhandlung einmal umschauen, werden Sie zwar viel nützliches Zubehör entdecken, die dort angebotenen Käfige aber sind nicht alle für Zebrafinken geeignet.

Zebrafinken sind nämlich überaus lebhaft und brauchen trotz ihrer geringen Größe ständig viel Raum zum Fliegen. Manche Vogelfreunde orientieren sich leider immer noch an den kleinen Käfigen der zahmen Stubenvögel, die täglich mehrere Stunden Freiflug erhalten. Für den Händler sind große Volieren (von französisch *voler* = fliegen) natürlich auch ein Platzproblem. Damit ein Zebrafink überhaupt ein wenig fliegen kann und nicht nur von Stange zu Stange hüpft, braucht er wenigstens einen halben Meter freien Flugraum. Rechnet man die Abstände zwischen den Stangen und Käfigseiten dazu, so ergibt sich eine Gesamtkäfiglänge von 70 bis 80 cm. Dieses Maß darf nicht unterschritten werden und sollte nach Möglichkeit größer sein. Wenn Ihre Vögel Junge bekommen, brauchen Sie ohnehin einen größeren Käfig oder zusätzlich einen Reservekäfig (→ Seite 37). Lassen Sie sich also nicht einreden, Zebrafinken könne man auch in einem kleinen Käfig halten.

Die Form des Käfigs muß rechteckig sein, auf keinen Fall rund. Ungeeignet sind schräge oder runde Wände, spitze oder pagodenartige Dächer, Erker und unnötige Verzierungen, wie sie für sogenannte »Luxus«-Käfige typisch sind. Den Vogelhalter kosten solche Extravaganzen nur Geld und zwingen ihn zu zeitraubender Reinigungsar-

beit. Die lebhaften Vögel aber können sich an den überflüssigen Winkeln und Ausbuchtungen ernsthaft verletzen (→ Gefahrenkatalog, Seite 33).

Bei allen Käfigen und Volieren für Zebrafinken ist zu beachten, daß die Gitterabstände nicht mehr als 12 mm (oder ein halbes Zoll) betragen. Ob das Gitter waagerecht oder senkrecht verläuft, ist ohne Belang. Kein Käfigteil (Gitter, Bodenschale, Futternäpfe oder sonstiges Zubehör) darf aus Messing bestehen, weil sich darauf durch Feuchtigkeit (Badewasser, Kot) giftiger Grünspan bilden kann.

Sehr zweckmäßig sind Käfige mit herausziehbarer Schublade als Bodenschale. Ohne diese Einrichtung müssen Sie zur Säuberung jedes Mal den Käfig aus der Bodenschale herausheben und beunruhigen so Ihre gefiederten Freunde, die zudem bei dieser Gelegenheit entweichen könnten. Um diese Gefahr auszuschließen, sollten über 2,5 cm hohe Schubläden durch eine Klappe oder ein Pendel gesichert sein. Nützlich ist eine einschiebbare Trennwand, um Streitigkeiten zu unterbinden.

Käfige und Kleinvolieren

Nehmen Sie sich für den Kauf des Käfigs oder der Voliere viel Zeit und schauen Sie sich ruhig in mehreren Zoofachhandlungen um. Bestellen Sie größere Flugkäfige, die der Händler nicht vorrätig hat, aus seinem Katalog (→ Adressen, die weiterhelfen, Seite 70). Das Angebot an Käfigen und Volieren ist recht groß; sicher werden Sie ein für Ihre Möglichkeiten geeignetes Vogelheim darunter entdecken.

Unterbringung und Ausstattung

Metallkäfig

Ganzmetall-Käfige werden in allen Zoofachhandlungen in vielen Größen und Formen angeboten. Zum Schutz gegen Rost sind sie farbig gesintert, vermessingt, verchromt oder verzinkt. Nur die größten unter ihnen erreichen das für Zebrafinken erforderliche Mindestmaß von 70 cm Länge und 50 cm Höhe. Ihr Nachteil besteht in der nicht geschlossenen (also nur vergitterten) Rückwand, die dem Pfleger unnötigen Schmutz beschert und den Zebrafinken das notwendige Gefühl der Sicherheit verwehrt. Der Vorteil liegt in ihrem günstigen Preis.

Holzkäfig

Eine lange Tradition haben die Holz-Bauer: Sie bestehen aus quadratischen circa 1 cm dicken Buchenstäben und dazwischen senkrechten Drahtstäbchen; sie sind ähnlich preiswert wie Ganzmetall-Käfige. Ihre Schwachstelle ist natürlich das Holz, das nach einiger Zeit unansehnlich wird und fault, wenn Sie es nicht mit einem entsprechenden Mittel behandeln (→ Selbstgebaute Vogelheime, Seite 14).

Auch wird für den Boden unter der Schublade meist nur eine Hartfaserplatte verwendet, die Sie nach einiger Zeit durch eine behandelte Sperrholzplatte, Kunststoff- oder Metallplatte ersetzen müßten.

Vorteilhaft ist, daß diese Holzkäfige mit geschlossener Rückwand und in größeren Abmessungen, zum Beispiel 100 × 40 × 50 cm, geliefert werden – ein günstiges Käfigmaß für *ein* Pärchen Zebrafinken, das hin und wieder Nachwuchs hat. Abstumpfungen und Verfettungen werden hier nicht vorkommen, und die Jungen entwickeln sich zu guten Fliegern.

Kistenkäfige

Als sehr praktisch hat sich der große Kistenkäfig erwiesen. Da er nur vorne und oben mit einem Einsatzgitter versehen ist und die übrigen Seiten sowie der Boden aus beschichteten – leicht zu reinigenden – Spanplatten bestehen, wird der täglich anfallende Schmutz weitgehend auf den Käfig selbst beschränkt. Außerdem fühlen sich die Vögel darin sehr geborgen. Zur Ausstattung gehören zwei Sitzbäume und eine Schublade.

In diesem Kistenkäfig mit den Mindestmaßen 74 × 46 × 75 cm (Modell der Firma Wagner & Keller) fühlt sich ein Zebrafinkenpärchen geborgen.

Kistenkäfige sind auch die Flug- und Brutboxen aus Kunststoff, die aus Gründen der Stabilität eine geschlossene Decke haben. Eine Beleuchtung der Boxen von oben (→ Seite 15) ist hier zwar nicht mehr möglich, dafür aber sind sie stapelbar. Diese pflegeleichten Boxen gibt es in vielen Größen und Variationen.

Unterbringung und Ausstattung

Zerlegbare Kleinvolieren
Sehr zu empfehlen sind die zerlegbaren Kleinvolieren im Element-System. Dieser Typ ist geradezu ideal, denn er gestattet Ihnen nicht nur den raumsparenden Transport der Voliere, sondern auch ihre beliebige Erweiterung durch genormte Bauteile. Mit wenigen Handgriffen setzen Sie Wände, Dach und Boden zu einem weiteren Element zusammen und bauen es an die vorhandene Voliere an. Der so entstehende lange Flugraum läßt sich natürlich wieder durch Gitterwände unterteilen.

Mit einem solchen System können Sie problemlos zusätzlichen Raum für ein weiteres Pärchen oder den Zebrafinken-Nachwuchs schaffen sowie die selbständig gewordenen Jungtiere wie auch Neuankömmlinge vor Verfolgung schützen.

Der Fachhandel bietet auch mehr oder weniger vollständige »Selbstbau-Sets« an. Ob Sie damit zurecht kommen, hängt von Ihrem handwerklichen Geschick ab (→ Selbstgebaute Vogelheime, Seite 14).

Viele Vogelfreunde wollen ihre Tiere im Wohnbereich unterbringen und erwarten deshalb von einer Voliere ein optisch ansprechendes Äußeres, das mit ihren Möbeln harmoniert. Sie können inzwischen aus einem beachtenswert vielfältigen Angebot geräumiger und attraktiver Kleinvolieren wählen, die gut durchdacht sind und praktisch jeden Geschmack treffen. Ihre Vögel werden Ihnen in einem größeren Zuhause alle ihre natürlichen Verhaltensweisen zeigen und Ihnen damit ein spannendes »Zebrafinkenprogramm« bieten.

Volieren aus Holz oder mit Holzdekor passen durch ihre möbelmäßige Gestaltung wohl am besten ins Wohnzimmer. Ihrer Einrichtung entsprechend können Sie beispielsweise zwischen Kiefer- und Eichendekor wählen oder sich für massive Ramin- oder Mahagoni-Leisten entscheiden. Andere Modelle sind aus eloxierten Aluminium-Profilen gefertigt, kosten aber auch etwas mehr. Für viele Volieren gibt es (aus dem gleichen Material) Ständer, Fahrgestelle oder Unterschränkchen, die Platz für Zubehör bieten und der Anlage das Aussehen eines kleinen Schrankes geben.

Sie können eine Kleinvoliere aber auch auf ein Schränkchen oder Regalbrett stellen. Modelle bis zu einer Länge und Höhe von 1,5 m und einer Tiefe von ungefähr 50 cm lassen sich noch leicht wegrücken (beim Hausputz) oder einmal woanders hinstellen.

Zimmervoliere und Vogelstube

Unter Groß- oder Zimmervolieren verstehe ich Vogelheime von mehr als anderthalb Kubikmeter (1500 l). Eine solche Festlegung ist natürlich willkürlich – Volieren dieser Größe erreichen jedoch schon die Maße festeingebauter Zimmervolieren oder Vitrinen und sind nur noch auf Rollen einigermaßen beweglich. Meist werden sie auf den Boden oder auf ein spezielles Fundament gestellt; sie haben dann oft keine Schubläden mehr – für Reinigungszwecke betritt man sie durch eine niedrige Tür.

Modelle aus Aluminium- oder verzinkten Stahlprofilen eignen sich auch für draußen und werden in genormten Teilen geliefert; sie sind daher in beliebiger Größe montierbar und erweiterungsfähig.

Überlegen Sie genau, wo die Voliere am ruhigsten steht und am besten zur Geltung kommt. Besonders wichtig ist die Standortfrage natürlich für eine festeingebaute Vo-

Unterbringung und Ausstattung

liere, da sie sich ja nicht mehr problemlos umstellen läßt. Sie kann für jede Wohnung »maßgeschneidert« werden – von einem Volieren-Hersteller oder einem geschickten Heimwerker. Da für eine Eckvoliere nur zwei große Gitterteile nötig sind, ist sie recht preiswert zu erstellen. Die Wände dürfen nicht tapeziert sein, um Ungeziefer keine Verstecke zu bieten. Schön und praktisch ist übrigens eine Kachelwand.

Der Boden der Zimmervoliere wird mit Sand und Walderde bedeckt (eventuell getrennt durch Bruch- oder Ziegelsteine). Auch eine flache »Wasserstelle« kann für die immer durstigen Zebrafinken eingerichtet werden. Äste und Zweige müssen den Vögeln immer genügend Flugraum lassen. Man darf sie nicht über Futter- und Wassergefäßen anbringen, damit diese nicht durch herabfallenden Kot verschmutzt werden. Manche Vogelfreunde dekorieren ihre Volieren mit künstlichen Pflanzen. Das ist zwar nicht nötig, aber auch nicht schädlich für Zebrafinken. Große, dicke und glatte Blätter lassen sich gut abwaschen, daher sind zum Beispiel Nachbildungen von Efeu und Ruskus eher geeignet als künstliche Nadelbäume oder Farne.

Zur Gestaltung von Innenvolieren können Sie sich wertvolle Anregungen aus Zoologischen Gärten und Vogelparks holen. Außerdem gibt es Fachliteratur, die sich ausschließlich mit der Planung und dem Bau von Volieren befaßt (→ Bücher, die weiterhelfen, Seite 70).

Diese Eckvoliere, in der mehrere Zebrafinkenpärchen gleichzeitig brüten und ihre Jungen aufziehen können, kann ein geschickter Heimwerker selber bauen. Die Nistkästen sollten so wie auf Seite 39 beschrieben, aufgehängt werden.

Unterbringung und Ausstattung

Vogelfreunde mit einer großen (Eigentums-) Wohnung oder einem eigenen Haus können sich auch eine Vogelstube einrichten. Eine Verschmutzung der Wohnräume ist hier ausgeschlossen, die Beobachtung der Vögel aber nur eingeschränkt möglich, wenn man nicht einen kleinen Beobachtungsbereich abtrennt oder zum Wohnbereich hin eine große Glastür eingebaut hat. Glasscheiben aber sind für alle Vögel gefährlich, weshalb Fenster und Glastüren mit einem Gitterrahmen geschützt sein sollten. Ein so gesichertes Fenster läßt sich auch als Verbindung zu einem kleinen Außen-Vorbau (vergitterten Erker) nutzen, der im Sommer bei den Zebrafinken sehr beliebt ist.

Vogelhaus und Freivoliere

Für die Züchter unter den Vogelfreunden ist sicher ein eigenes gemauertes Vogelhaus ideal, denn darin finden viele Zebrafinken-Paare in mehreren Abteilen Platz. Für den Bau ist in der Regel eine Genehmigung erforderlich (Baubehörde). Damit alle Innenvolieren ausreichend Tageslicht erhalten, sollte die Fensterfront eines rechteckigen Vogelhauses nach Süden zeigen und das Dach teilweise aus durchsichtigem Material bestehen. Aber auch bei großzügiger Verglasung und guter Wärmedämmung bleiben Ihnen Leuchtstofflampen und eine Heizung nicht erspart. Quadratische Abteile sind besser als lange, schlauchförmige, in denen die Vögel immer nur von einem Ende zum anderen fliegen können. Die Volieren sollten von einem Gang aus erreichbar sein, und zwar durch möglichst niedrige Türen, damit die Zebrafinken nicht so leicht entweichen können. Die Außentür sollte zusätzlich durch eine Schleuse gesichert sein.

Bei der Planung des Grundrisses wie auch der Ausführung im einzelnen sollten Sie Fachliteratur (→ Bücher, die weiterhelfen, Seite 70) zu Rate ziehen und die Vorbilder in Tierparks berücksichtigen. Die Vogelhäuser dort haben zwar häufig keine Fenster oder Glasbausteine, sie verfügen aber nach Süden hin über meist bepflanzte Außenvolieren, die die Vögel durch ein Türchen aufsuchen können. Ein Außenabteil für den Sommer bietet neben der Abwechslung durch allerhand Gesträuch, Schilf und Gras viel frische Luft und Sonne.

Der Boden der Voliere ist gelegentlich umzugraben und zu erneuern, weil sich durch ständige Verschmutzung Krankheitserreger und Parasiten ansammeln, deren Eier auch den kältesten Winter überstehen. Die Fundamente unter den Drahtgitter-Rahmen müssen 1 m in den Boden reichen, damit sich Ratten und Mäuse nicht durcharbeiten können.

Diese Ratschläge gelten natürlich auch für eine Freivoliere mit einem kleinen Schutzhaus, die sich mancher Zebrafinken-Liebhaber wünschen mag. Dagegen habe ich jedoch Bedenken: Zebrafinken sind an ein warmes, trockenes Klima gewöhnt; sie lassen sich in unseren Breiten nicht akklimatisieren. Im Freien kann man sie problemlos nur ein Vierteljahr (im Hochsommer) halten. Es ergibt wenig Sinn, für diese kurze Zeit eine geräumige Freivoliere zu bauen und für das übrige Jahr nur eine kleine (beheizte) Innenvoliere, in die die Vögel dann rechtzeitig umgesetzt werden müssen. Umgekehrt ist es besser: ein geräumiges Vogelhaus mit Außenraum.

Unterbringung und Ausstattung

Selbstgebaute Vogelheime

Wenn Sie als Heimwerker etwas Erfahrung haben, fällt es Ihnen sicher nicht schwer, Ihren Zebrafinken ein Vogelheim selbst zu bauen. Die folgenden Tips zum Bau von Kleinvolieren sollen Ihnen dabei helfen. Die Konstruktion der erwähnten Kastenvoliere (→ Seite 10) ist sicher für den Eigenbau die beste: Rückwand und Bodenplatte, zwei Seitenwände und eine Frontleiste mit Klappe werden miteinander verschraubt, Schubläden eingeschoben und fertig gekaufte Gitter mittels Haken eingehängt oder in Nuten geschoben, die Sie zuvor am Rand entlang in die Seitenteile gesägt oder gefräst haben. Hinzu kommen nur noch die Schmutzleisten aus Holz oder Aluminium-Profilen (damit nichts zwischen Wände und Schubladen fallen kann) und natürlich die Inneneinrichtung. Bedenken Sie bei der Planung, daß gekaufte Gitter und Wannen genormt sind und daher die genauen Maße mitbestimmen!

Boden, Rück- und Seitenwände können Sie passend zuschneiden lassen. Kunststoffbeschichtete Spanplatten gibt es in weiß und verschiedenen Holzdekors; sie sind problemlos abzuwaschen, aber ziemlich schwer. Weniger wiegen massive Kiefernholz-Platten sowie (mit Echtholz furnierte) Tischler- und Sperrholzplatten. Ein helles Furnier läßt Zebrafinken am besten zur Geltung kommen. Wenn Ihre Voliere zerlegbar sein soll, verwenden Sie Rampamuffen und Gewindeschrauben.

Rohes Holz muß gegen Milben, Schmutz und Fäulnis geschützt werden. Dieser Rat gilt auch für gekaufte Holz-Bauer (→ Seite 10). Geeignet sind helle Holzschutzlasuren für den Innenbereich, vor allem solche auf Acrylbasis. Sie können auch lösungsmittelhaltige Lasuren verwenden, wenn Sie die Voliere vor dem Bezug oder dem Endanstrich drei Wochen lang auslüften lassen. Alle schmutzanfälligen Teile versiegle ich anschließend noch mit Kunststoff-Lack (kein Nitro-Lack!), der ihnen eine glatte, abwaschbare und strapazierfähige Oberfläche gibt.

Durch dunkles Gitter sehen Sie Ihre Vögel am besten. Ich bevorzuge ein verzinktes und punktgeschweißtes quadratisches Gitter, das mit tannengrünem Kunststoff ummantelt ist (Maschenweite 12,7 mm oder 0,5 Zoll). Neuerdings gibt es auch Volierengeflechte aus reinem Kunststoff (schwarz), die von Zebrafinken nicht zerbissen werden können. Verchromtes oder vermessingtes Geflecht reflektiert das Licht und verletzt, wenn es rauh ist, nur unnötig die Wachshaut auf den Schnäbeln Ihrer Pfleglinge. Besser sind die glatten verzinkten Vorsatzgitter, die Sie in verschiedenen Größen (bis 127 cm Länge) fertig kaufen können. Türen sind hier schon eingebaut, und ein Rahmen erübrigt sich. Größere Gitterwände mit Rahmen sind ebenfalls erhältlich. Sie können den Rahmen aber auch aus Ramin-Leisten oder Alu-Profilen selbst bauen und mit einem Geflecht Ihrer Wahl bespannen; das ist allerdings gar nicht so einfach.

Schubläden aus Kunststoff werden von den Volieren-Herstellern in vielen Größen angeboten. Bei mir haben sich die unverwüstlichen Foto-Entwicklerschalen hervorragend bewährt. Zwei Schalen mit den Maßen 47 × 57 cm eignen sich zum Beispiel gut für eine Kleinvoliere von 50 × 120 cm Grundfläche und beliebiger Höhe.

Unterbringung und Ausstattung

Der richtige Standort

Ein Zebrafinkenheim ist kein Gegenstand, den man mal hier und mal dort hinstellt. Die Vögel wollen einen festen Standort und beobachten ihren Pfleger am liebsten von höherer Warte aus. Auch fühlen sie sich ohne Rückendeckung nicht wohl und nehmen ständiges Vorbeilaufen an der Voliere oder Rauchen ebenso übel wie ein zu lautes Radio oder Fernsehgerät oder die hohen Frequenzen seiner Fernbedienung.

Einen Fensterplatz halte ich nicht für günstig, weil er im Winter zu dunkel und im Sommer in der prallen Sonne zu hell und heiß ist. Außerdem müßte ein Käfig vor dem Fenster nach allen Seiten hin offen sein, damit Sie Ihre Vögel auch sehen können; gerade solche Käfige sollten Sie aber gegen eine Wand stellen, am besten in Augenhöhe. Suchen Sie zunächst eine ruhige, zugfreie Ecke aus. Wenn Ihre Voliere nicht schon ein eigenes Untergestell besitzt, würde ich einen Schrank oder ein Regalbrett von 1 m bis 1,5 m Höhe empfehlen. Regale mit Trägern und Schienen, die eingedübelt werden, haben gleich mehrere Vorteile: Sie können die Länge und Tiefe der Bretter selbst bestimmen und sie in beliebiger Höhe anbringen; über und unter der Voliere lassen sich weitere Bretter einhängen – für Leuchtstofflampen, Zubehör, Literatur. Bei mir hat sich ein solches Regalsystem sehr bewährt.

Temperatur und Luftfeuchtigkeit

Zebrafinken sind bei weitem nicht so wärmebedürftig wie andere Prachtfinken. Ihre relative Unempflindlichkeit gegenüber tieferen Temperaturen verlieren sie als Steppenbewohner jedoch sofort in feuchterem Klima (→ Seite 60).

Halten Sie Ihre Zebrafinken daher am besten bei normaler Raumtemperatur bei einer relativen Luftfeuchtigkeit von 50 bis 70% (fürs Brüten 60 bis 70%). Mit anderen Worten: Wenn Sie sich wohlfühlen, fühlen sich auch Ihre Zebrafinken wohl; sie können aber auch noch bei 10° C überwintern und brüten noch bei 15° C.

In der Freivoliere oder im Außenabteil leiden sie hingegen bei feucht-kühlem Wetter; sie lassen sich deshalb nur von Juni bis August draußen halten, wobei die ersten Tage im rauheren Außenklima besonders kritisch sind.

Licht und Beleuchtung

Zebrafinken fühlen sich am wohlsten und brüten auch nur dann erfolgreich, wenn sie 12 bis 14 Stunden täglich bei Tageslicht oder einer entsprechenden künstlichen Beleuchtung aktiv sein können. Will man also seinen Zebrafinken eine möglichst natürliche Umwelt bieten, sollte man auf helle Leuchtstofflampen – vor allem im Winter – nicht verzichten. Mit den »neutralen« Röhren (wie sie auch in Büros verwendet werden) der Lichtfarben 21 oder 25 schaffen Sie einen guten Ersatz für fehlendes Tageslicht. Große Ähnlichkeit mit dem natürlichen Licht haben Tageslicht-Röhren, vor allem die der Lichtfarbe 19.

Ich befestige meine Leuchten etwa 15 cm über den Volieren unter Regalbrettern und empfehle mindestens eine Röhre über die ganze Länge einer Voliere oder zwei kürzere kombiniert. Viele Vogelfreunde koppeln die

Verhaltensweisen von Zebrafinken.
Oben: Weibchen fordert Männchen zum Kraulen auf; Männchen krault das Weibchen am Kopf;
Mitte: Auch kopfunter fällt ein Zebrafink nicht von der Stange; Zebrafinkenweibchen kratzt sich am Kopf;
unten: Junger Zebrafink bettelt Männchen an; Reiben des Kopfgefieders an einer Stange nach einem Bad.

Leuchtstofflampen mit einer Schaltuhr, die das Licht zu einem bestimmten Zeitpunkt aus- beziehungsweise einschaltet. Das ist nicht nur für den Vogelhalter bequemer, auch die Zebrafinken schätzen einen möglichst regelmäßigen (ihren natürlichen Lebensbedingungen entsprechenden) Hell-Dunkel-Rhythmus. Am Abend ist zusätzlich eine Dämmerungsphase zu empfehlen, sonst werden die Zebrafinken von der Dunkelheit überrascht und können ihre (Schlaf-)Nester nicht mehr aufsuchen; sie toben dann in Panik und verletzen sich möglicherweise schwer, und falls Nachwuchs im Nest sitzt, wird dieser nicht mehr gewärmt. Leider lassen sich Leuchtstofflampen nur sehr umständlich an spezielle und ziemlich teure Dämmerungsautomaten anschließen. Billiger und einfacher erzeugen Sie die nötige Dämmerung durch eine zweite Schaltuhr, die rechtzeitig eine 8-Watt-Röhre oder 15-Watt-Birne ein- und etwas später wieder ausschaltet. Noch einfacher ist es, eine schwache Leuchte nachts im Zimmer (also nicht über der Voliere) ständig brennen zu lassen.

Sitzgelegenheiten für Zebrafinken

Die besten Sitzgelegenheiten für Zebrafinken sind frische Naturzweige mit Rinde. Da sie flexibel, unterschiedlich dick und nicht so eintönig waagerecht wie Käfigstangen sind, bleiben Läufe und Zehen beweglich. Naturäste aber müssen Sie öfters austauschen, weil sie schnell trocknen und hart werden, außerdem schwer sauberzuhalten sind (unter der spröden Rinde können sich Milben gut verstecken).
Geeignet sind ungespritzte Zweige der meisten Sträucher und Bäume (Ahorn, Birke, Holunder, Lebensbaum, Obstbäume, Pappel, Weide) sowie Schilfstengel, an denen sich die Krallen besonders gut abnutzen.
Daß Sie auf der Suche nach Naturzweigen keine geschützten Pflanzen abreißen oder sich in Naturschutzgebieten bedienen, ist wohl selbstverständlich.
Für kleinere Volieren kann man natürlich auch normale Rundhölzer von 10 bis 12 mm Durchmesser nehmen. Die meisten der angebrachten Sitzstangen müssen so dick sein, daß die Zebrafinken sie nicht umgreifen

Ist eine Schaukel so wie hier befestigt, schwingt sie nur wenig, so daß die Vögel nicht erschrecken.

können, sonst nutzen sich die Krallen nicht ab. Auf zu dünnen Stangen können die Vögel zudem nicht aufrecht sitzen. Brauchbar sind auch große Ringe oder Schaukeln, sofern sie nicht zu heftig schwingen und so die Vögel beunruhigen.
Für die Befestigung von Sitzästen gibt es spezielle (Aluminium-)Halter zu kaufen, die

◁ Die wichtigsten Futtersorten und geeignetes Nistmaterial.
(Von links nach rechts) Oben: Senegalhirse, Mannahirse, La-Plata-Hirse und Silberhirse;
Mitte: Japan-Hirse, Marokko-Hirse, Dakotahirse und Glanz;
unten: Wildsamen-Mischung;
Nistmaterial – glatte Kokosfasern und Jutefäden.

an die Volierenwand geschraubt werden. Ein Bündel Schilfhalme läßt sich durch zwei gelöcherte Holz- oder Kunststoffscheiben stecken und so auch in Schräglage fixieren.
Stangen und Zweige sollten so angeordnet sein, daß die Zebrafinken nicht etwa bequem von einer Sitzgelegenheit zur anderen hüpfen, sondern eine kurze Strecke fliegen müssen. Ich habe deshalb für meine Kleinvolieren aus Buchenstäben je zwei »Sitzbäume« gebaut und im Abstand von mindestens 50 cm befestigt.
Sie bestehen aus einem 14 oder 16 mm dikken »Stamm«, in den ich viele waagerechte Sitzstangen steckte (10 oder 12 mm), die sich noch einmal durch 6 oder 8 mm starke Rundhölzer verzweigen lassen. Die entsprechenden Bohrungen waren mit einem Bohrständer kein Problem.
Die Sitzbäumchen habe ich übrigens dünn mit Holzschutzlasur gestrichen; sie kann zwar die Verschmutzung durch Kot nicht verhindern, das Holz bleibt aber rauh, es fault nicht und läßt sich besser reinigen.

Schlaf- und Brutnester

Nachts schlafen die meisten Zebrafinken nicht auf der Stange, sondern im (Schlaf-) Nest. Jedes Paar braucht deshalb ein oder zwei ausgehöhlte Kokosnüsse oder geflochtene Weidennester in Form einer Röhre oder offenen Kugel. Da Zebrafinken darin über kurz oder lang Brutversuche unternehmen, sollten Sie gleich ausreichend große Nistgelegenheiten kaufen oder selber bauen.
Zebrafinken sind nicht wählerisch und für jede Nisthilfe dankbar. Gerne nehmen sie geräumige Nistkästen an, die Sie ebenso wie große Korbnester für ein paar Mark im Zoofachgeschäft kaufen können. Wenn Sie die Kästen aus Sperrholz selber bauen, achten Sie bitte darauf, daß die Innenmaße mindestens 10 × 10 × 10 cm betragen. Noch besser ist bei dieser Breite und Höhe eine Länge von 12 bis 15 cm.
Meine Zebrafinken bekommen nur halboffene Nistkästen, weil sie in solchen mit Flugloch und Sitzstange kaum noch etwas zu tun hätten. Der Nestbau gehört zu ihrem natürlichen Verhaltensrepertoire und will ausgelebt werden. Scheuen Sie sich also nicht, auch offenere Nistplätze anzubieten, zum Beispiel ein offenes Korbnest als Unterlage in einer Astgabel oder eine halbe Holzscheibe, in deren Rand Sie schräge Löcher bohren und dann Zweige stecken.

Ausgehöhlte Kokosnüsse und Peddigrohr-Nester eignen sich gut als Schlafnester. Sollen die Zebrafinken darin brüten, müssen sie ausreichend groß sein.

Da jedes Vogelpaar ohnehin zwei Nester zur Auswahl braucht, können Sie ihm durch ein Peddigrohrnest oder eine Kokosnuß etwas Abwechslung bieten. Kokosnüsse sind besonders leicht zu reinigen und bieten Milben kaum Verstecke; zum Nisten eignen sie sich aber erst ab einem Durchmesser von 12 cm (38 cm Umfang).

Unterbringung und Ausstattung

Wenn Sie im Lebensmittelgeschäft ein großes kugelrundes Prachtexemplar erwischt haben, sägen Sie mit einer Lochkreissäge ein 4,5 bis 5,5 cm großes Loch heraus und stechen dann das Fruchtfleisch mit einem Stechbeitel aus. Zum Aufhängen eignet sich ein Haken aus Blumen-Bindedraht oder ein Gewindehaken mit Muttern. Nistkästen schraube ich mit Hilfe von Flügelmuttern an die Wand.

Futter- und Wassergefäße

Pro Voliere brauche ich vier Futtergefäße: ein großes, langes, flaches Gefäß oder einen Futterspender für die übliche Futtermischung und drei kleinere Näpfe für Vitakalk, Weichfutter und Wildsämereien. Dazu kommen eine kleine, ganz flache Schale für Keimfutter und Aufzuchtfutter und eine große für Sand, Grit und Eierschalen.
Kleine Schalen aus Kunststoff (flache Dosen, Deckel, Blumen-Untersetzer) kippen leicht um, wenn die Vögel auf den Rand springen. Ich nehme deshalb schwere Einmachglas-Deckel oder glasierte Keramik-Untersetzer von 8 cm Durchmesser (Glas- und Porzellannäpfe gibt es in vielen Ausführungen im Zoofachhandel). Die übrigen Futtergefäße sind aus Kunststoff und werden an die Wand gehängt.
Im Gegensatz zu anderen Vogelhaltern habe ich mit Futterspendern gute Erfahrungen gemacht. Natürlich fallen auch in den Futternapf meiner Spender einige Samenhülsen; sie werden jedoch durch das nachrutschende Futter ständig »hochgespült« und durch den Flügelschlag der an- und wegfliegenden Vögel fortgeblasen. Problematisch wird es erst dann, wenn sich im Napf nur noch wenig Futter befindet und sich die Hülsen darauf sammeln. Verstopfen kann ein Spender, wenn das Futter feucht wird und schimmelt oder sich gar Larven sogenannter »Futtermotten« dort einspinnen.
Zum Baden brauchen Zebrafinken ein handelsübliches Badehaus zum Einhängen (etwa 13 × 13 × 13 cm), das Sie in größeren Volieren auch auf den Boden stellen können. In einer großen flachen Wasserschale können auch zwei Vögel gleichzeitig baden. Bei einem Prachtfinkenliebhaber sah ich geräumige Badehäuser, die er aus 4 mm starken Plexiglas-Platten und Acryl-Kleber hergestellt hatte.
Trinkröhrchen oder kleine Wassernäpfe sind nur dann sinnvoll, wenn in kleinen Mengen Vitamine oder Medikamente zu verabreichen sind und kein Badehäuschen zum Trinken zur Verfügung steht.

Kontrollieren Sie täglich, ob der Futterspender einwandfrei funktioniert.

Artgemäßes Futter – richtige Fütterung

Futter und Fütterung

Neben der artgemäßen Unterbringung ist das Futter entscheidend für die Gesundheit Ihrer Pfleglinge. Vögel müssen wie Menschen eine Vielzahl verschiedener Stoffe zu sich nehmen, um gesund zu bleiben. Als Energiespender brauchen Körnerfresser vor allem Kohlehydrate und geringe Mengen Fett und Eiweiß. Alle Aminosäuren (die Bauelemente der Eiweiße) und Vitamine sowie alle notwendigen Mineralstoffe und Spurenelemente müssen ständig in ausreichender Menge zur Verfügung stehen. Kann ein Vogel sie nicht aufnehmen, führt dies zu Mangelerscheinungen und schließlich zum Tod. Zebrafinken sind Körnerfresser, die auch zarte Blätter und Insekten nicht verschmähen. Ihre natürliche Hauptnahrung besteht aus einer Vielzahl halbreifer, reifer und auch keimender Grassamen. Als Ersatz dafür bekommen sie vor allem verschiedene Sorten Hirse. Tierisches Eiweiß wird mit Weichfutter zugeführt. Die einzelnen Futtersorten enthalten unterschiedliche Nährstoffe. Je mehr Sorten Sie den Vögeln anbieten, desto besser ahmen Sie ihr natürliches Nahrungsangebot nach und umso sicherer verhindern Sie Mangelerkrankungen.

Daher muß vor allem eine ausgewogene Körnermischung angeboten werden, und zwar entweder in mehreren Gefäßen oder in einem großen Futterspender (→ Seite 20). Wichtig ist, daß das Futter nicht mit Badewasser bespritzt oder durch herabfallenden Kot verschmutzt werden kann – die Infektionsgefahr durch Schimmel oder Bakterien ist sonst zu groß.

Wie alle Lebensmittel sind auch Samenkörner nur dann noch wertvoll, wenn sie nicht zu lange gelagert wurden. Achten Sie also darauf, daß das Körnerfutter nicht staubig ist oder muffig riecht. Ausschlaggebend ist die Keimfähigkeit: zählen Sie 100 Körner einer Sorte ab und legen Sie sie zum Keimen in Wasser (→ Keimfutter, Seite 23); wenn mehr als die Hälfte keimt, ist die Saat in Ordnung.

Auf Vorrat gekauftes Körnerfutter muß trocken, dunkel und luftig gelagert werden. Ich fülle deshalb meine Körnermischung in große Kaffeedosen mit fein perforierten Deckeln um. Mineral- und Weichfutter läßt sich gut in geschlossenen Dosen oder Gläsern aufbewahren.

Setzen Sie Ihre Zebrafinken niemals auf Diät, indem Sie nur eine bestimmte tägliche Ration oder nur eine Futtersorte verfüttern. Eine gute Körnermischung ist ein vollwertiges Futter, an dem sich Ihre Vögel zwar satt essen, aber nicht überfressen. Fettleibigkeit liegt ausschließlich an Bewegungsmangel; bereits eine kurze Hungerperiode kann so kleine Vögel dauerhaft schädigen.

Körnerfutter

Unentbehrlich für die Gesunderhaltung der Zebrafinken ist Hirse. Darunter versteht man eine Reihe verschiedener Wild- und Kulturgräser, die sich gut anbauen lassen und meist aus wärmeren Ländern importiert werden. Hirse steht deshalb ganzjährig zur Verfügung.

Als Prachtfinkenliebhaber sollte man die wichtigsten Sorten kennen: Ziemlich kleinkörnig sind die hellgelbe Senegalhirse, die hellgelbe Mohairhirse und die orange bis gelbliche Mannahirse (Rote Finkenhirse). Zu den größeren Sorten zählen die braungraue Japanhirse, die ovale gelbliche La

Artgemäßes Futter – richtige Fütterung

Plata-Hirse (Gelbe Hirse), die Silberhirse (Weiße Hirse), die braunrötliche Marokkohirse (Goldhirse) und die rote Dakota-Hirse (Rote Hirse). Alle werden von Zebrafinken gern gefressen, nur bei den beiden letzten sind sie ein wenig zurückhaltend. Die Hirse-Namen sind übrigens nicht immer eindeutig, weil die botanischen Bezeichnungen nicht unbedingt mit denen der Landwirtschaft und des Handels übereinstimmen und da man vom Namen nicht unbedingt auf das Anbaugebiet schließen kann. So wird etwa eine sehr gute Senegalhirse in Australien angebaut.

Keimfutter sollten Sie nur in ganz flachen Schalen anbieten.

Ganz besonders begehrt sind bei fast allen Prachtfinken die Kolbenhirsen, die vor allem in Frankreich, Italien und China angebaut werden. Wahrscheinlich liegt das daran, daß sie frischer sind und besser schmecken. Kaufen sie Kolbenhirse nicht nach der Stückzahl, sondern nach Gewicht, prüfen Sie ihre Qualität, und vergleichen Sie die Preise. Pappschachteln ohne Gewichtsangabe mit nur drei oder vier Stengeln sind viel zu teuer und halten ihren Inhalt oft nicht ohne Grund verborgen. Recht preiswert sind meist 500 g- oder 1000 g-Beutel. Einige Hirsearten sind auch in unseren Breiten heimisch: Borsten-, Blut-, Faden- und Hühnerhirse gedeihen im eigenen Garten und können halbreif gereicht und auch eingefroren werden.

Ein ebenso gutes Körnerfutter wie Hirse ist Glanz, auch Spitzsaat oder Kanariensaat genannt. Auch Haferkeime werden von einigen Zebrafinken angenommen. Hirse, Glanz und Hafer bestehen zu mehr als 50% aus Kohlehydraten, enthalten aber relativ wenig Roheiweiß und Fett; sie werden deshalb zu den »mehlhaltigen Sämereien« gerechnet.

Sogenannte »Ölsaaten« wie Rübsen, Negersaat (der Samen des Ramtil), Salatsamen, Leinsamen und Mohn haben dagegen einen viel höheren Anteil an Fett und Proteinen. Vor allem Negersaat sollte deshalb in geringer (!) Menge zugefüttert werden; sie ist ebenso klein, dünn und spitz wie Salatsamen, aber pechschwarz.

Ich gebe das Hauptfutter in einem Futterspender als Mischung, die immer zu einem Drittel aus kleinkörniger Hirse – Senegal- und Mannahirse – besteht und zu zwei Dritteln aus La Plata-Hirse, Silber- und Japanhirse und Glanz (Kanariensaat) sowie etwas Negersaat. Manche Vogelhalter geben Negersaat lieber in einem zusätzlichen kleinen Napf.

Können oder wollen Sie die Saaten nicht einzeln in einer Samen- oder Zoofachhandlung kaufen, nehmen Sie einfach eine fertige Mischung für Prachtfinken. Eine gute Firma gibt auf ihren Packungen die Bestandteile der Mischung sowie das Abpackdatum an, das nicht älter als ein Jahr sein sollte.

Zu kaufen gibt es auch Salat- und Kleesamen, Mohn und verschiedene andere Saaten, die aber nur in geringen Mengen aufgenommen werden. Ich biete in einem eigenen Napf immer eine käufliche Wildsämereien-Mischung an.

Artgemäßes Futter – richtige Fütterung

Keimfutter

Zebrafinken ernähren sich, wie gesagt, auch von Grünzeug und halbreifen Gräsern, die sie besonders gerne fressen, weil halbreife Samen noch viel Wasser enthalten und deshalb leicht verdaulich und sehr vitaminreich sind. Keimfutter ist dafür ein guter Ersatz. Durch das Quellen und anschließende Keimen entwickeln sich Vitamine und andere Nährstoffe, die vor allem für den Nachwuchs Ihrer Vögel wichtig sind. Da der Keim dem Korn fortlaufend Nährstoffe entzieht, sind Körner mit gerade durchgebrochenem Keim am wertvollsten. Gereicht werden sie in ganz flachen Schalen, um die Zufuhr frischer Luft nicht zu behindern. Zur Herstellung von Keimfutter eignen sich die genannten Hirsesorten der Futtermischung, da sie annähernd zur gleichen Zeit keimen. Fertigmischungen mit Zusatzstoffen (»Proteinkörnern«) eignen sich weniger.
Bewährt haben sich die folgenden Herstellungsmethoden, da sie das Schimmeln und Verderben der Körner verhindern:

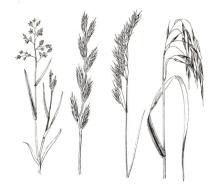

Diese Gräser können Sie Zebrafinken anbieten: Einjähriges Rispengras, italienisches Raygras, Rot- und Riesenschwingel (von links nach rechts).

● Sie können das Futter 12 Stunden in Wasser quellen lassen, dann in einem Sieb durchspülen und weitere 24 Stunden in einer abgedeckten Schale feucht (nicht in Wasser) keimen lassen. Solange die Körner nämlich noch vom Wasser bedeckt sind, können sie nicht keimen, weil der Keim im Wasser erstickt.
● Sehr praktisch ist die Verwendung eines Keimapparates, der in einer größeren und einer – für unsere Zwecke günstiger – kleineren Version angeboten wird. Es handelt sich um einen Turm aus vier Keimschalen und einer Auffangschale; das Wasser fließt durch vier Syphonhütchen nach unten, reinigt und bewässert dabei die in Bodenrillen eingestreuten Samen. Der Durchfluß muß allerdings kontrolliert werden, da kleine Samen die Syphons verstopfen können.

Grünfutter und Obst

Noch wertvoller als Keimfutter sind die vielen heimischen Gräser und Kräuter, von denen nicht nur die Früchte, sondern oft auch Blätter und Stengel gefressen werden. Daß sie so wenig gesammelt werden, liegt zum Teil an der geringen Kenntnis der heimischen Flora. Immer weniger Menschen kennen sich in unserer Pflanzenwelt aus, die zudem immer mehr verarmt. Mir ging es da nicht anders: eines Tages fand ich ein altes Biologiebuch aus meiner Schulzeit und merkte, als ich es durchlas, wie viel ich seither vergessen hatte.
Heute bekommt man hervorragend bebilderte Pflanzen-Bestimmungsbücher (→ Bücher, die weiterhelfen, Seite 70), die dem Vogelhalter helfen, die vielen Futterpflanzen kennenzulernen. Da gibt es die heimischen

Artgemäßes Futter — richtige Fütterung

Hirsesorten, die Sie auch im Garten anbauen können, und die vielen anderen Gräser wie etwa das englische und italienische Raygras, Schaf-, Rot- und Wiesenschwingel, Knäuelgras, Quecke, die Trespen, die Rispengräser und andere Süßgräser. Das Einjährige Rispengras *(Poa annua)* wurde neben anderen Arten von den Europäern in Australien eingebürgert und dort zu einer Hauptnahrung der Zebrafinken. Die Binsen und Seggen gehören übrigens zu den Sauergräsern, die teilweise streng geschützt sind und somit zum Verfüttern nicht in Frage kommen.

Andere Futterpflanzen sind bekannter, zum Beispiel: Vogelmiere, Löwenzahn, Breit- und Spitzwegerich, Gänseblümchen, Vergißmeinnicht, Hirtentäschelkraut, Greiskraut (auch Kreuzkraut genannt), Schaumkraut, Schafgarbe, Knöterich-Gewächse (Ampfer), Beifuß, Kratz- und Gänsedistel.

Was Ihre Vögel davon halten, müssen Sie ausprobieren; gut ankommen wird auf jeden Fall die Vogelmiere, die ihren Namen nicht zu Unrecht trägt. In nährstoffreichem, feuchtem Boden können Sie sie auch an einem hellen und nicht zu warmen Ort in der Wohnung überwintern.

Die meisten Pflanzen werden nicht wegen ihrer Blätter, sondern wegen ihrer halbreifen und reifen Fruchtstände gepflückt, die man immer im Ganzen gibt. Löwenzahn sollte man sammeln, bevor sich seine weiße Haarkrone (»Pappus«) ausgebreitet hat. Schneiden Sie sie mit einer Schere ab, damit die reifen Samen, mit denen der Pappus durch feine Stiele verbunden ist, nicht durch Voliere und Zimmer schweben.

Leider gibt es noch einen weiteren, sehr vernünftigen Grund, warum viele Vogelhalter auf das Sammeln heimischer Pflanzen verzichten, nämlich die Vergiftung unserer Umwelt. Unkraut- und Schädlingsbekämpfungsmittel, die Überdüngung landwirtschaftlicher Nutzflächen und die fortschreitende Luftverschmutzung können die Futterpflanzen vergiften. Damit entsteht für die Zebrafinken eine Gefahr, die immer seltener auszuschließen ist. Nur in unbelasteten Gebieten lassen sich noch geeignete Standorte zum Sammeln von Futterpflanzen finden.

Ich beschränke mich deshalb meist auf eine käufliche Wildsamen-Mischung sowie auf Vogelmiere, Löwenzahn, (Kopf-, Feld- und Endivien-)Salat, Petersilie, Früchte, Schei-

Vogelmiere, Gänseblümchen, Löwenzahn und Hirtentäschelkraut (von links nach rechts) sind Futterpflanzen, nach denen man nicht lange suchen muß.

ben der Salatgurke und geriebene Möhren. Hinzu kommt noch eine Zimmerpflanze: die anspruchslose und schnellwüchsige Tradeskantie *(Tradescantia viridis)*, die mit ihren grünen Blättern nicht besonders attraktiv ist und deshalb in Gärtnereien oft nur als »Unkraut« gehalten wird. Äpfel, Bananen,

Artgemäßes Futter – richtige Fütterung

Weintrauben und andere Früchte sollten Sie auf jeden Fall einmal ausprobieren. Was Ihre Zebrafinken alles mögen, wird sich mit der Zeit herausstellen, die Geschmäcker sind verschieden, und was der Vogel nicht kennt, das frißt er zunächst nicht.

Vogelmiere ist auch bei Zebrafinken beliebt. Sie wächst an Wiesen- und Wegrändern, im Garten und sogar auf Ödland. Im Frühjahr eingepflanzt, gedeiht sie auch in einem Blumenkasten.

Gekauftes und gesammeltes Grünzeug müssen Sie vor dem Verfüttern immer waschen und abtrocknen beziehungsweise gut abtropfen lassen. Daß ein Vogelfreund in seinem eigenen Garten kein Gift verwendet, muß wohl nicht extra betont werden.

Weich- und Aufzuchtfutter

Auf tierisches Eiweiß sind Zebrafinken eigentlich nur zur Aufzucht ihrer Jungen angewiesen; und auch diese brauchen davon weniger als der Nachwuchs der meisten anderen Prachtfinken. Zu viel Eiweiß kann sogar gefährlich werden, wenn sich die Verdauungsorgane der heranwachsenden Jungtiere später nicht ausreichend auf die übliche Körnernahrung umstellen können.
Diese Anspruchslosigkeit erleichtert vieles: Sie müssen keine Mehlwürmer, Ameisenpuppen, Fliegen, Larven oder Wasserflöhe züchten, fangen oder kaufen, sondern können ein handelsübliches, nicht säuerndes Aufzuchtfutter oder auch Spezialfutter für Insektenfresser verwenden. Aufzuchtfutter besteht aus Backware, Ei, Insekten, Wildsamen, Mineralstoffen und Vitaminen.
Wenn sich Nachwuchs einstellt, rühre ich Aufzuchtfutter mit etwas gekochtem Ei (vor allem Eigelb), Magerquark oder geriebener Möhre flockig an, und zwar jeden Tag frisch, weil es schnell eintrocknet und rasch verdirbt. Dieses »Angemachte« wird dann immer schon sehnsüchtig erwartet, ganz besonders das Eifutter. Auch die gekochten Eierschalen sind als Mineralquelle sehr begehrt.

Mineralien und Spurenelemente

Mit einem wirklich guten, ausgewogenen Futter nehmen Zebrafinken schon eine ausreichende Menge der lebenswichtigen Spurenelemente und Vitamine zu sich. Mineralstoffe hingegen müssen zusätzlich aufgenommen werden, hauptsächlich Kalzium und Phosphor. Für den Aufbau von Skelett und Eierschalen zum Beispiel benötigt der Vogelkörper Kalk in Verbindung mit Vitamin D. Der »Heißhunger« vor allem der Hennen auf Hühnereischalen beweist das.
Kalkquellen sind (gewässerte) Sepiaschale, Hühnereierschalen, flüssige Kalziumpräparate fürs Trinkwasser, Vogelgrit und spezielle Mineralstoffmischungen. Zum Beispiel Vitakalk nehmen alle meine Vögel sehr gerne; es enthält auch Spurenelemente und Vitamine und kann unter das Weichfutter gemischt oder in einem eigenen Napf angeboten werden.
Mineralstoffe, Spurenelemente und zugleich

Verschiedene Farbspielarten des Zebrafinken. ▷
Oben: Creme (links Henne, rechts Hahn) und Dominant-Silber (Hahn);
Mitte: Pinguin-Grau (links Henne, rechts Hahn) und Dominant-Silber mit Haube (Henne);
unten: Schwarzbrust-Grau (links Henne, rechts Hahn) und Schwarzbrust-Schecke, Grau mit gelbem Schnabel (Henne).

Proteine können Sie durch Protamin oder Supramin (konzentrierte Pulverpräparate von Biotropic) verabreichen.
Ausgesprochen billig ist übrigens Kalk-Grit. Sie können davon immer etwas auf den Boden oder in eine Schale streuen. Auch Walderde ist reich an Mineralien.

Vitamine

Geringe, aber regelmäßige Vitamingaben sind ein Ausgleich für die oft zu einseitige Ernährung mit wenigen trockenen Körnersorten und für das fehlende natürliche Sonnenlicht. Vögel nehmen nämlich mit ihrer pflanzlichen Nahrung oft nur die Vorstufe eines Vitamins zu sich, die sie dann mit Hilfe der UV-Strahlung erst in das eigentliche Vitamin umwandeln. Solche »fertigen« Vitamine werden von vielen Herstellern angeboten, und zwar als Einzelvitaminpräparate für bestimmte Zwecke und als Kombinationspräparate mit mehreren Vitaminen. Multivitaminpräparate enthalten die wichtigsten wasserlöslichen (B, C) und fettlöslichen Vitamine (A, D, E, K). Damit bieten Sie Ihren Vögeln alle notwendigen Vitamine in einem ausgewogenen Verhältnis und verhindern einseitige oder falsche Vitamingaben sowie eine Überdosierung. Die Vitaminversorgung sollten Sie nicht vernachlässigen, denn:
A-Vitamine sind unentbehrlich für die Entwicklung des Embryos, für Augen, Gefieder und Schleimhäute sowie die Atmungs-, Verdauungs- und Fortpflanzungsorgane.
D-Vitamine verhüten Rachitis und Legenot, weil sie den Aufbau von Knochen und Eischalen aus Kalzium (Kalk) und Phosphor bewirken.

Vitamin A und D können Sie Ihren Vögeln als Endstufen zuführen, dürfen sie aber nie überdosieren!
Vitamin E ist für Stoffwechsel und Fruchtbarkeit, also insgesamt für den Bruterfolg unerläßlich.
Vitamin K regelt die Blutgerinnung.

Zebrafinken fressen gerne halbreife Grassamen, die sie geschickt aus den Rispen herauspicken.

Vitamine des B-Komplexes sind besonders wichtig für Stoffwechsel, Wachstum und Nervensystem. Vitamin B müssen Sie künstlich verabreichen, wenn ein Vogel Medikamente (Antibiotika) erhält, die die Darmflora schädigen und dadurch an der Produktion dieser Vitamine hindern. (Durch einen hohen Vitamin-B-Anteil kann ein Präparat etwas riechen.)
Vitamin C wird ebenfalls im Vogelkörper selbst hergestellt. Es reguliert den Zellstoff-

◁ Zuchtformen und Timor-Zebrafink.
Oben: Marmosett (links Hahn, rechts Henne) und wildfarbene Timor-Zebrafinken (Nominatrasse; links Henne, rechts Hahn);
Mitte: Weiß (Hahn) und Schimmel-Grau (Hahn);
unten: Hellrücken (Hahn) und Schecke-Grau (Hahn).

wechsel, schützt vor Infektionen, ist aber für Vögel nicht so wichtig wie für den Menschen.

Vitamine müssen in kleinsten Mengen, aber regelmäßig gegeben werden, weil ein Vogel sie zwar ständig braucht, aber kaum speichern kann. Die Präparate werden flüssig (aufgelöst oder als Emulsion) und als Pulver angeboten. Man kann sie den Vögeln über das Trinkwasser oder das Futter zuführen. In Wasser gelöst sind Vitamine allerdings nur kurze Zeit haltbar, außerdem kann es sein, daß sich die Zebrafinken von Farbe und Geruch des Vitamin-Wassers so abschrecken lassen, daß sie noch nicht einmal daran nippen. Ich verwende deshalb ausschließlich Pulverpräparate, von denen ich winzige Mengen über das Aufzucht- oder Keimfutter streue. Vitamine sind übrigens empfindlich gegen Wärme, Licht und Sauerstoff.

Sand und Wasser

Zebrafinken haben wie alle Vögel keine Zähne zum Kauen. Als Körnerfresser zerreiben sie ihre Nahrung in ihrem Muskelmagen mit Hilfe von Sandkörnern und kleinen Steinchen, sogenanntem Magenkiesel.

Sie müssen deshalb eine Sandschale oder gleich den ganzen Boden mit nicht zu feinem Sand ausstreuen. Genauso brauchbar ist Vogelgrit, wenn dieser außer Magenkiesel nur wenig Muschelbruch (also Kalk) enthält. Unterstützt wird die Verdauung auch durch Holzkohle, die Zebrafinken auch in der Natur aufnehmen. Ein dünner Sandbelag erleichtert auch die wöchentliche Säuberung des Volierenbodens, Schmutz läßt sich so leichter zusammenkehren.

Zebrafinken sind zwar außerhalb der Brutzeit weniger auf Wasser angewiesen als viele andere Vogelarten, dennoch trinken und baden sie regelmäßig. Deshalb muß immer sauberes, chlorfreies und nicht zu kaltes Wasser zur Verfügung stehen.

Das Wasser in Trink- und Badeschalen darf keinesfalls tiefer als 2 cm sein. Legen Sie am besten einen Stein in die Mitte der Schalen; so finden vor allem Jungvögel beim Landen einen sicheren Halt.

Leitungswasser läßt sich mit einem Tropfen-Präparat verbessern (von Zoomedica Frickhinger, Vitakraft oder Avicultur). Sie können für Ihre Zebrafinken auch ein spezielles Vogeltrinkwasser in Flaschen kaufen, preiswerter und keineswegs schlechter ist normales Mineralwasser. Die Kohlensäure (oder das Chlor des Leitungswasser) wird ausgetrieben, indem Sie das Wasser abkochen oder abstehen lassen. Ich benutze einen Haushaltsfilter (Kationenaustauscher), der neben Kalk, den Sie als Kesselstein kennen, auch Chlor, Schwermetalle und organische Verunreinigungen entfernt.

Verschmutztes Wasser ist für Vögel sehr gefährlich. Es ist also unumgänglich, das Badehaus täglich zu säubern und 2 cm hoch nachzufüllen.

Haltung und Pflege

Heimtransport und Eingewöhnung

Der Händler wird Ihnen Ihre Zebrafinken in der für Kleinvögel üblichen Pappschachtel übergeben. Stellen Sie diese mit den Luftlöchern nach oben in eine kleine Tasche – so sind die Tiere gegen die Witterung geschützt. Transportieren Sie das Vogelpärchen auf dem schnellsten Weg nach Hause. Dort muß schon wirklich alles bereitstehen. Ihre neuen Hausgenossen müssen sich in ihrer neuen Umgebung ja erst einmal zurechtfinden und würden nach dem Einfangen und Transport nur noch weiter verschreckt, wenn nun noch allerlei Handgriffe erforderlich wären.
Wichtig ist, daß die Vögel sofort das gewohnte Futter vorfinden. Streuen Sie deshalb vorher ausnahmsweise ein wenig auf den Boden oder hängen Sie die beliebte Kolbenhirse auf.
Nach dem Einsetzen in den Käfig brauchen die Tiere Ruhe. Beobachten Sie sie also zunächst aus der Ferne. Die Neuankömmlinge werden vielleicht zunächst noch wild umherflattern, sich aber schließlich beruhigen und fressen. Sie müssen ihr neues Heim erst einmal endgültig in Besitz nehmen, bevor sie sich richtig sicher fühlen.
Wenn Sie ein Pärchen oder Einzeltier allerdings in eine große, schon bewohnte Voliere einsetzen wollen, ist vorher eine Quarantänewoche in einem kleineren Käfig ratsam. Dadurch verzögert sich die Eingewöhnung zwar, aber Sie können die Vögel dort besser beobachten und – falls Krankheitszeichen auftreten – behandeln.
Die anfängliche Aufregung legt sich dann sehr schnell, wenn einem Zebrafinken ein Artgenosse oder gar der (mitgekaufte) vertraute Partner Sicherheit gibt. Schon bald werden die beiden eng zusammensitzen.

An ein Tuch über dem Käfig gewöhnen sich Zebafinken nur schwer. Lassen Sie zumindest während der ersten Nächte eine schwache Beleuchtung brennen; Prachtfinken reagieren schreckhafter als Kanarienvögel und könnten sich durch panisches Toben in der Dunkelheit schwere Verletzungen zuziehen.
Vergewissern Sie sich, daß die Vögel das angebotene Körnerfutter finden und fressen; anderes Futter ist nicht sofort notwendig. Weich- und Grünfutter könnte sogar ihre Magen- und Darmschleimhäute schädigen, wenn diese durch Ortswechsel und Futterumstellung angegriffen sind.
Sie brauchen bei Zebrafinken nicht überängstlich zu sein; sie sind erstaunlich widerstandsfähig und robust. Wenn Sie gesunde Vögel gekauft haben, sie richtig unterbringen und versorgen, werden sie die Eingewöhnungsphase leicht überstehen. Dennoch ist in der ersten Zeit eine besonders kritische Kontrolle des Gesundheitszustandes angezeigt, zu der genaues Beobachten und die Überprüfung des Kots gehört (→ Seite 53).
Zur Vorbeugung gegen eine Erkrankung hilft jetzt nur Wärme, frische Luft (keine Zugluft!) und Ruhe; ein geeignetes Vitaminpräparat sollte erst später gegeben werden, Antibiotika vorbeugend nie (→ Die Vogelapotheke, Seite 53).
Wenn Sie Ihre Zebrafinken nicht durch hastige Bewegungen erschrecken, werden sie sich bald an ihren Pfleger und ihre neue Umgebung gewöhnt haben. Jetzt können Sie testen, welche Futtersorten Ihren Lieblingen zusagen, und sie auch im Zimmer fliegen lassen, während Sie den Käfig säubern. Damit sie wieder in ihren Käfig zurückfinden, brauchen Zebrafinken allerdings viel Zeit, sich ihre Umgebung einzuprägen. Denken

Haltung und Pflege

Sie bitte daran, daß ein Freiflug immer gefährlich ist – auch ein geschlossenes Fenster ist eine Todesfalle, wenn es nicht durch eine Gardine gesichert ist (→ Gefahrenkatalog, Seite 33). Spätestens der Freiflug wird Ihnen zeigen, ob Ihre Zebrafinken gut fliegen können. Es kommt vor, daß neu erworbene Vögel anfangs heftig flatternd abtrudeln, weil sie in einem kleinen Käfig aufgezogen wurden, in dem sie immer nur hüpfen konnten. Bei Jungtieren wird sich die Flugmuskulatur aber in einer Voliere schnell kräftigen. Problematisch ist die Eingewöhnung eines Vogels in eine schon besetzte Voliere, weil die Alteingesessenen vielleicht alle über ihn herfallen. Dieses Verhalten ist keineswegs unnatürlich. Wenn man dem Neuling von einem Käfig oder Nebenabteil aus ein paar Tage engen Ruf- und Sichtkontakt mit seinen Artgenossen gewährt, werden diese den neuen Nachbarn kennenlernen und akzeptieren. Noch besser klappt das, wenn ein Einzelvogel zunächst nur mit dem für ihn vorgesehenen Partner zusammengeführt wird.

Pflegearbeiten

Zebrafinken in Menschenobhut können nicht eine so große Immunität gegen alle möglichen Krankheitserreger aufbauen wie ihre wilden Artgenossen. In den engen Verhältnissen einer Voliere können sich zudem gefährliche Stoffe schneller und in größeren Konzentrationen ansammeln als in der weiten Natur, die alle Verschmutzungen schnell beseitigt.

Die unnatürlichen Lebensverhältnisse in Volieren zwingen den Vogelhalter also zu ständigen Pflegearbeiten. In der Vogelhaltung gilt wie in der Aquaristik: Je kleiner der Lebensraum, desto größer die Arbeit. Und Arbeit bei der Zebrafinkenhaltung bedeutet:

● **Täglich**
Verschmutzte Futtergefäße reinigen – Futterspender kontrollieren oder Futternapf auffüllen – frisches Keimfutter und/oder Grünfutter geben – eventuell Aufzuchtfutter zubereiten – Wassergefäß säubern und neu füllen – Nistmaterial geben – Vögel beobachten und bei Krankheitsverdacht herausfangen.

● **Wöchentlich**
Alle verschmutzten Teile gründlich reinigen – Äste, Sitzstangen, Steine abwaschen – Sand erneuern – Naturboden durchharken.

● **Monatlich**
Alles reinigen – Nester säubern – Zweige auswechseln – von Milben befallene Käfige desinfizieren – besonders Außenvolieren auf Rost, Fäulnis, undichte Stellen hin überprüfen – Reparaturen ausführen – große Veränderungen in der Voliere vornehmen – falls nötig Krallen schneiden.

Die monatlichen Arbeiten machen oft einen Freiflug nötig und sollten morgens geschehen, damit die Vögel anschließend genügend Zeit haben, sich in vielleicht veränderter Umgebung zurechtzufinden und eventuell neue Schlaf- und Nistplätze zu besetzen. Bei brütenden Zebrafinken beschränken Sie sich besser nur auf die nötigsten Arbeiten und warten mit der Säuberung des Käfigs und Nistkastens, bis die Jungen eine Woche aus dem Nest sind.

Nehmen Sie zur Reinigung nur heißes Wasser – Spül- und Putzmittel können Ihren Pfleglingen sehr gefährlich werden.

Haltung und Pflege

Gefahren für Ihre Zebrafinken

Heimvögel leben gefährlich – innerhalb und außerhalb ihrer Voliere. In dem Gefahrenkatalog auf Seite 33 führe ich zuerst die möglichen Gefahren in der Voliere auf, die sich viel leichter vermeiden lassen als die Risiken eines Freiflugs (zweiter Teil des Katalogs).
Vögel sind nämlich von Natur aus nicht auf menschliche Lebensbedingungen (Zimmereinrichtungen) »programmiert« und verunglücken daher außerhalb ihrer Voliere leicht an den Errungenschaften unserer Technik (Steckdosen, Toaster). Ich empfehle Ihnen deshalb, Ihren Zebrafinken möglichst wenig Freiflug zu gewähren und sie statt dessen gleich in einer so großen Voliere zu halten, daß sie auf Freiflug verzichten können.

Gefahren beim Freiflug: Fliegt ein Zebrafink gegen eine Fensterscheibe, so sind die Verletzungen meist tödlich.

Neben Infektionen der Atmungs- und Verdauungsorgane ist Wegfliegen für Zebrafinken die größte Gefahr. Wie leicht man unvorsichtig wird, habe ich selber erlebt: Eines Tages ließ ich die Zimmertür offen, und mein zimtfarbenes Zebrafinkenmännchen Matz flog mit seinem Weibchen durch den Flur in ein anderes Zimmer mit einem weit geöffneten Fenster. Sie setzten sich gleich auf eine niedrige glatt lackierte Brüstung, die außen vor dem Fenster angebracht ist – offenbar in der Annahme, sie hätten die Glasscheibe noch vor sich. Ich war zuerst starr vor Schreck: wie leicht hätten sie abrutschen und wegfliegen können! Glücklicherweise gelang es mir, die beiden Vögel von außen mit einem Besen ins Zimmer zurückzuscheuchen; ohne diesen rettenden Einfall wären sie entwischt und sicher bald verhungert, verunglückt oder an einer Erkältung gestorben.

Der Umgang mit Zebrafinken

Tiere benötigen einen Sicherheitsabstand sowohl gegenüber Artgenossen als auch gegenüber anderen Arten, vor allem Feinden. Wird dieser Abstand unterschritten, werden sie aggressiv oder fliehen.
Beim Zebrafinken hat sich durch seine individuelle Früherfahrung (Gewöhnung an den Menschen von Geburt an) diese »Fluchtdistanz« gegenüber seinem Pfleger so sehr verringert, daß wir ihn aus nächster Nähe beobachten können, ohne ihn beim Fressen, Baden oder Brüten zu stören. Dennoch ist er deutlich ängstlicher als ein Kanarienvogel und versucht zu flüchten, wenn direkt neben oder über seinem Käfig hantiert wird. Eine Flucht ist aber in einem Käfig von nur 40 cm

Haltung und Pflege

Gefahrenkatalog

Gefahrenquelle	Auswirkungen
Zugluft beim Lüften, offene Fenster und Türen	Erkältungen
Feuchte Kühle oder Kälte	Erkältung, Erfrieren
Pralle Sonne, überhitzte Räume (Wintergarten)	Hitzestau, Herzschlag
Verdorbenes, verschmutztes Futter, gechlortes oder verschmutztes Wasser	Darmstörungen, Infektionen
Falsches Futter	Darmstörungen, Mangelerkrankungen
Badewasser tiefer als 2 cm	Ertrinken (vor allem Jungvögel)
Ungeeignetes Nistmaterial, Zierrat am Käfig und andere Fußfallen, Käfigerker, zu lange Krallen	Hängenbleiben: Knochenbrüche, Platzwunden
Zu viele Sitzstangen	Brüche
Scharfes Drahtgeflecht, Drahtenden, Nägel	Zehen- und Kopfverletzungen
Maschenweite über 12 mm	Durchstecken des Köpfchens: Strangulieren oder Steckenbleiben
Völlige Dunkelheit, Milben	Nächtliches Toben; Knochenbrüche, Platzwunden
Streichlacke, Sprays zur Kleiderbehandlung, Insektenbekämpfung, Körperhygiene, Reste von Putzmitteln und Chemikalien	Vergiftungen
Offene Käfigtüren, Löcher	Entkommen
Offene Fenster und Türen	Wegfliegen
Glasscheiben ohne Gardinen	Dagegenfliegen: lebensgefährliche Verletzungen
Spalten zwischen Wand und Möbeln	Abrutschen, Einklemmen
Offene Schubläden und Schränke	Einschließen und Ersticken
Offene Gefäße mit (heißen) Flüssigkeiten (WC, Becken, Vasen, Töpfe, Schüsseln)	Ertrinken, Verbrühen
Küchendünste	Erkrankung innerer Organe
Herd, Toaster, Ofen, Feuer	Verbrennungen
Steckdose, offene Elektro-Leitungen	Stromschlag
Fäden, Gestricktes, Gehäkeltes	Verfangen, Erdrosseln
Andere Haustiere (Katzen, Hunde, Kaninchen)	Totbeißen
Unvorsichtige Menschen	Zerquetschen (Sofa, Boden)

Haltung und Pflege

Tiefe nicht möglich, so daß Zebrafinken dann oft wild toben. Nehmen Sie also auf das Sicherheitsbedürfnis Ihrer Vögel Rücksicht. Nähern Sie sich anfangs langsam der Voliere; wenn die Tiere etwas unruhig werden, haben Sie den Sicherheitsabstand erreicht. Sie merken aber bald, wie er von Tag zu Tag geringer wird. Vermeiden Sie grundsätzlich hektische Bewegungen, stürzen Sie nicht unversehens ins Zimmer und falten Sie nicht ausgerechnet neben der Voliere eine Decke.

Mit einer ausreichend großen Voliere sind Sie sehr im Vorteil; dort in ihrem eigenen Reich fühlen sich Zebrafinken viel sicherer als irgendwo im Zimmer und bleiben bei der Fütterung und Reinigung ruhig.

Meine eigenen Vögel haben mir das deutlich gezeigt: früher war es geradezu entnervend, sie wieder in ihren kleinen Käfig zu bekommen; wenn der Hunger sie endlich hineintrieb, mußte ich blitzschnell zumachen. Heute ist es schwierig, sie einmal aus ihrer Voliere herauszubekommen.

Es bleibt einem Vogelfreund gelegentlich nicht erspart, einen Vogel zu fangen. Das soll möglichst schonend und schnell geschehen. Die Kleinvoliere ist kaum der Ort dafür – dort sollen sich die Vögel ja wohl und geborgen fühlen. Gefangen wird also im Zimmer oder in der Zimmervoliere.

Wenn Sie Gefühl dafür haben, greifen Sie den Vogel im Dunkeln mit der Hand. Sobald er sich gesetzt hat, schalten Sie das Licht aus; Sie sehen dann immer noch mehr als er. Sonst verwenden Sie einen im Handel erhältlichen Kescher mit weichem Bügel. Versuchen Sie bitte nie, damit den fliegenden Vogel durch schnelles Zuschlagen zu fangen, denn wenn Sie ihn mit dem Draht treffen, können Sie ihm allzu leicht einen

(Flügel-)Knochen brechen. Am sichersten bekommen Sie einen Zebrafinken ins Netz, wenn er sitzt oder unsicher und langsam im Dämmerlicht fliegt.

Fangen Sie Zebrafinken so selten wie möglich. Die Vogelzwerge erleiden oft einen Schock und liegen dann wie tot in der Hand. Diese »Angststarre« konnte sich mein Matz bis heute nicht abgewöhnen.

Wie Zebrafinken den Tag verbringen

Nehmen wir einmal an, Sie haben sich vor ein paar Tagen ein oder zwei Pärchen Zebrafinken gekauft und wollen nun während Ihres ersten freien Tages die kleinen Piepmätze näher kennenlernen.

Als erstes werden Sie feststellen, daß Zebrafinken keine Schlafmützen sind. In dem Moment, in dem das Licht angeht, sind sie hellwach und begrüßen alle gleichzeitig mit einem lauten Konzert den Morgen. Zunächst hören Sie laute, langgezogene Rufe, dann den typischen Gesang der Männchen. Die Aufregung legt sich aber schnell, und es folgt ein eifriges Strecken der Flügel und Beine sowie Schnabelwetzen. Danach wird gefrühstückt, ein Schluck getrunken und später am Morgen gebadet.

Wenn Sie den Vögeln ein Schälchen Keimfutter oder Grünfutter in die Voliere geben, beugen sie sich nach vorne und gucken erst mit dem einen und dann mit dem anderen Auge interessiert nach unten. Dieses lustige Kopfdrehen ist notwendig, weil Zebrafinken die Augen an den Seiten haben.

Nach dem Bad ist eine ausgiebige Gefiederpflege fällig. Die Vögel öffnen die Flügel, um die Federn an deren Innenseiten durch den Schnabel zu ziehen; sie richten sich auf

Haltung und Pflege

und pflegen ihr gespreiztes Bauchgefieder; bei aufgestelltem Schwanz kommen Bürzel- und Seitengefieder, Unter- und Schwanzfedern an die Reihe.

Zwischendurch kratzen sie sich immer wieder an Kopf, Nacken, Hals und Kehle; das geht so schnell vor sich, daß Sie es zunächst kaum mitbekommen. An diesen Stellen lassen sie sich auch gerne von ihrem Partner kraulen; sie hocken sich dazu auf die Stange oder den Boden und schließen sogar die Augen dabei.

Das Gefieder wird täglich sehr sorgfältig und ausdauernd geputzt.

Ob sich zwei Vögel zu einem Paar zusammengefunden haben, können Sie leicht feststellen. Die beiden sitzen auffällig oft beieinander, zupfen sich anfangs noch verlegen gegenseitig am Gefieder. Nach kurzer Zeit unternehmen sie fast alles gemeinsam und koordinieren selbst viele ihrer Bewegungen und Körperhaltungen.

Es ist überhaupt typisch für diese geselligen Tiere, daß sie einander ständig zu gemeinsamen Aktivitäten anregen. Fängt eines an zu baden, sitzt kurz danach die ganze Schar mit triefend-zottigem Gefieder auf der Stange und schüttelt sich. Beginnt nach längerer Aktivität ein Zebrafink zu dösen, schlafen bald alle, wobei sie gelegentlich den Kopf auf den Rücken drehen.

Solche Ruhepausen unterbrechen das lautstarke Treiben im Laufe des Tages einige Male. Das sind dann die einzigen Minuten, in denen Sie nicht das ständige »det – det« hören, wie einige Fachleute diesen kurzen Stimmfühlungslaut der Zebrafinken beschreiben. Für das menschliche Ohr liegt ihre Stärke sicher nicht im Gesang, den manche Menschen als eintönig oder gar aufdringlich empfinden. Die Laute einer kleinen Zebrafinken-Gruppe sind aber immerhin individuell so verschieden, daß man ihre Mitglieder bald schon an der Stimme erkennt. Unterschiede lassen sich auch im Verhalten feststellen. Jeder Vogel hat seine eigene Persönlichkeit.

Es dauert sicher nicht lange, bis Sie Ihre »Pappenheimer« genau kennen. Vorher aber müssen Sie wissen, wie sich Zebrafinken verhalten, welche Laute sie wann von sich geben, wie oft sie essen und was am liebsten, womit sie sich tagsüber beschäftigen. Schauen Sie also ihren Vögeln genau zu, bis sie sich abends in ihren Nestern zur Ruhe begeben; es ist lehrreich und lohnt sich – auch für Ihre Kinder.

Haltung und Pflege

Zebrafinken und andere Vögel

Die meisten Prachtfinkenliebhaber, die heute die schwierigsten Arten halten und züchten, haben irgendwann mit Zebrafinken angefangen. Diese idealen Anfängervögel erlauben es, in ein Hobby einzusteigen, ohne gleich durch Fehlschläge entmutigt zu werden.

Vielleicht packt auch Sie der Ehrgeiz oder die Farbenpracht anderer Vögel begeistert Sie, so daß Sie Ihren Vogelbestand erweitern wollen. Aufgrund Ihrer Erfahrungen mit Zebrafinken können Sie sich eigentlich an alle Prachtfinken wagen, wenn Sie ihre speziellen Bedürfnisse kennen (→ Bücher, die weiterhelfen, Seite 70).

Zebrafinken putzen sich gegenseitig das Gefieder, vor allem an jenen Körperstellen, die der Partner selbst nicht erreichen kann.

Wollen Sie Ihre Zebrafinken mit anderen Vögeln zusammen halten, so sollten Sie sich auf gleich kräftige Arten mit ähnlichen Bedürfnissen beschränken. In Frage kommen vor allem die weniger anspruchsvollen Amadinenarten (dickschnäbelige Prachtfinken): aus Australien der Binsenastrild (Binsenamadine), die Spitzschwanzamadine, die Schilffinken und auch der streitbare Diamantfink. Empfehlenswert sind auch die aus Asien stammenden Nonnen sowie der Muskatfink und das Spitzschwanzbronzemännchen oder auch seine Zuchtform, das Japanische Mövchen. Das anspruchslose Silberschnäbelchen kommt aus Afrika.

Die dünnschnäbeligen Astrilden aus Afrika sind meist etwas zu zart für Zebrafinken. Lassen Sie sich von den Namen der australischen Arten nicht verwirren, auch Binsen-, Ringel-, Sonnen- und Gemalter Astrild sind Amadinen. Vor allem aus Australien dürfen heute keine Tiere mehr ausgeführt werden; wenn Sie einen Beitrag zur Erhaltung dieser Arten in Gefangenschaft (durch Zucht) leisten wollen, müssen die dafür nötigen Volieren allerdings viel größer sein als für Zebrafinken.

Auch mit Kanarien lassen sich Zebrafinken vergesellschaften; sie müssen sich nur erst an die großen Flieger gewöhnen. Anfangs brach in meinen Volieren Panik aus, wenn unser gelbes Kanarienmännchen Freiflug hatte und auf einer Voliere landete; mittlerweile wird er kaum noch beachtet. Wellensittiche möchte ich für Zebrafinken nicht empfehlen.

Vermehrung und Zucht

Überlegungen zuvor

Zebrafinken zu vermehren ist nicht allzu schwierig. Läßt man die Tiere gewähren, so werden sie schon bald eifrig mit ihrem Brutgeschäft beginnen. Sie sollten eine Vermehrung Ihrer Zebrafinken aber nur dann anstreben, wenn Sie die entsprechenden Voraussetzungen für eine erfolgreiche Brut und einen gesunden Nachwuchs schaffen können. Dazu benötigen Sie:

● Mehr Zeit als sonst. Zunächst ist für die Kleinen täglich Aufzuchtfutter zuzubereiten (→ Seite 41) und später erheblich mehr Schmutz zu beseitigen.

● Einen ruhigen, hellen und warmen Standort. Ruhe ist fürs Brüten besonders wichtig, denn selbst Zebrafinken wollen dann nicht ständig gestört werden. Eine Brut ist nur erfolgversprechend, wenn es wärmer als 15° C und länger als 12 Stunden ausreichend hell ist (→ Seite 15).

● Einen ausreichend großen Flugkäfig (→ Seite 9). Für ihre Balz brauchen Hahn und Henne Platz, sonst findet eine Paarung vielleicht überhaupt nicht statt. Und nach einer erfolgreichen Brut haben Sie nicht nur zwei Elterntiere, sondern außerdem vielleicht fünf Junge im Käfig, die dort ihre ersten Flugstunden absolvieren wollen.

● Einen zweiten Käfig. Dort sind die Jungen in Sicherheit, wenn ihre Eltern sie ständig jagen (→ Seite 43).

● Ein gutes Zuchtpaar. Kaufen Sie nur große und kräftige Tiere mit gutem Körperbau für die Zucht. Zu kleine Vögel mit Typfehlern (→ Seite 8) würden ihre schlechten Anlagen weitervererben.

● Gute Haltungsbedingungen, damit die Tiere kerngesund und in hervorragender Verfassung sind. Für gesunden, kräftigen Nachwuchs ist vor allem der Gesundheitszustand der Henne ausschlaggebend, sie muß den Embryos ja alle Nährstoffe mitgeben, die sie für ihr Wachstum im Ei brauchen.

● Jemanden, der Ihnen die ausgefärbten Jungvögel schließlich abnimmt, denn Sie werden nur die wenigsten behalten können. Viele Zoofachhandlungen kaufen den Vogelnachwuchs ihrer Kunden.

Die erste Brut ist bei jungen Prachtfinken immer kritisch, weil sie vielleicht körperlich noch nicht ganz ausgereift sind oder noch keine Erfahrung mit dem Brüten haben. Lassen Sie deshalb nur Zebrafinken brüten, die mindestens ein halbes Jahr alt sind. Zu junge Weibchen bekommen leicht Legenot (→ Seite 56), oder sie wissen mit den Eiern oder Jungen nichts anzufangen; bei älteren Hennen ist so etwas sehr selten.

Wenn Sie das Alter frisch erworbener Vögel nicht kennen, warten Sie sicherheitshalber ein Vierteljahr, bis Sie das ungeduldige Paar endlich brüten lassen. Das Warten mag Ihnen genauso schwer fallen wie Ihren Vögeln, doch habe ich mit zu frühen Bruten nur schlechte Erfahrungen gemacht. Meine Zebrafinkenhenne Happy zum Beispiel legte anfangs zwei Eier in ein kleines Schlafnest und warf die frisch geschlüpften Jungen dann hinaus. Später ist so etwas nicht mehr vorgekommen.

Eine Wartezeit ist auch noch aus weiteren Gründen sinnvoll: das Pärchen lebt sich in seiner Voliere gut ein und lernt auch seinen Pfleger kennen, außerdem gelangt es durch gute Ernährung in Höchstform, so daß Sie gesunden Nachwuchs erwarten dürfen.

In einer großen Voliere ist auch die Gruppenhaltung möglich. Zebrafinken sind Schwarmvögel und Koloniebrüter, die keine eigentlichen Reviere bilden. Sie verteidigen

Vermehrung und Zucht

aber ganz entschieden ihre Nester und deren unmittelbare Umgebung. Solch ein Nestbereich entspricht ungefähr der Größe einer Kleinvoliere, so daß es dort zu heftigen Auseinandersetzungen zwischen mehreren Paaren kommen muß. Da die Vögel einander nicht ausweichen können, werden solche Kämpfe oft erbittert geführt und können sogar zu Verlusten führen.

Ein Flugkäfig mit den beschriebenen Mindestmaßen (→ Seite 9) reicht also nur für ein Pärchen aus. Für zwei Paare muß die Voliere wenigstens anderthalb Meter lang sein und sollte einen Trennschieber haben.

Die Partnerwahl

Die Zusammenstellung von Pärchen ist bei Zebrafinken nicht schwierig. Hähne und Hennen lassen sich an der Gefieder- und Schnabelfarbe leicht unterscheiden, vor allem sind sie in der Partnerwahl meist nicht so anspruchsvoll wie andere Prachtfinken. Wenn Sie also ein Paar kaufen, wird dieses in der Regel zusammenfinden und eine Familie gründen.

Ausnahmen von dieser Regel gibt es natürlich auch. Matz verstand sich schon mit seinem ersten (weißen) Weibchen nicht richtig und mußte seine Kinder schließlich alleine aufziehen. Der Grund für diese Reibereien lag vielleicht darin, daß sich weiße Zebrafinken anders verhalten als farbige (→ Seite 67). Nach dem plötzlichen Tod der weißen Henne bekam Matz ein neues, diesmal graues Weibchen. Die beiden bekämpften sich jedoch mit einer Erbitterung, wie ich das zwischen Hahn und Henne nicht für möglich gehalten hätte. Sie mußten wieder getrennt werden.

Können und wollen Sie die Neigungen Ihrer Zebrafinken berücksichtigen, so überlassen Sie ihnen selbst die Partnerwahl in einer kleinen Gruppe von vier oder mehr Vögeln. Wenn Sie allerdings planmäßig züchten und selbstgesteckte Ziele erreichen wollen, müssen Sie sich manchmal über die Neigungen Ihrer Zebrafinken hinwegsetzen und sie nur zu zweit halten.

Wie gut sich ein Pärchen versteht, erkennen Sie vor allem am Verhalten des Weibchens. Durch den ständig vorgetragenen Gesang und die Balz des Männchens angeregt dreht es ihm den Schwanz zu, verbeugt sich eifrig und krault ihn immer wieder. Die Paarung erfolgt oft erst während des Nestbaus – die beiden brauchen jetzt also dringend geeignetes Nistmaterial.

Nest und Nistmaterial

Wenn Ihre Zebrafinken bis jetzt nur kleine Schlafnester haben, müssen Sie größere Nistgelegenheiten anbringen, damit die Jungen später nicht aufeinander sitzen. Bieten Sie immer mindestens zwei Nistmöglichkeiten (→ Seite 19) pro Paar an.

Alle Nester sollten möglichst hoch hängen und mit ihren Öffnungen zur Mitte der Vo-

Der Paarung geht ein vollständiges Balzzeremoniell mit Balzgesang und bestimmten Balzgesten voraus.

Vermehrung und Zucht

liere gerichtet sein, damit sich die Vögel nicht beobachtet fühlen. Halten Sie zwei Paare, müssen Sie die Nester möglichst weit voneinander in den vier oberen Ecken anbringen und die Grenze der Nest-Reviere in der Mitte der Voliere deutlich markieren. Das kann durch einen Sitzbaum geschehen, der von beiden Paaren dann als »neutrales Territorium« betrachtet wird, oder durch zwei Sitzbäume und eine Schiebewand dazwischen.

Holznistkästen für Zebrafinken, die Sie aus Sperrholz (8 bis 12 mm) auch selber bauen können.

Zebrafinken brüten nicht in kahlen Höhlen, sie wollen ein weiches Nest, das sie meist aus Grashalmen errichten. Sie sind aber nicht wählerisch und nehmen auch die im Zoofachhandel angebotene Kokosfaser, Sisalfaser oder Scharpie (gezupftes Leinen). Kokosfasern sind sehr dünn, hart und reißfest, sie eignen sich deshalb gut zur Stabilisierung großer und frei errichteter Nester, die innen mit einem anderen, weicheren Material ausgepolstert werden.
Kaufen Sie Kokosfasern nur als glatte gebündelte Ware, nie als Knäuel; diese können ebenso wie Werg und zu lange Fäden leicht zu gefährlichen Fußfallen werden. Meine Zebrafinken bevorzugen von allen Materialien Jute-Garn, wie es für Makramee-Arbeiten verwendet wird. Ich kaufe mir eine möglichst große naturfarbene Rolle und schneide davon bis zu 10 cm (!) lange Stücke ab, die ich in ihre vier bis neun Stränge auseinanderziehe. Diese Fäden werden zur Auspolsterung der Nestmulde von der Henne noch weiter zerpflückt. Das Nistmaterial lege ich erst auf den Boden der Voliere, da der Hahn anfangs sehr große Mengen schnell verbaut; später kann er sich Fäden aus einer Salatraufe (außen am Gitter) pflücken, wo sie vor Verschmutzung sicher sind.

Der Nestbau

Bevor der Hahn mit dem Nestbau beginnt, muß er sicher sein, daß die Henne dem Standort zustimmt. Begleitet von seiner Partnerin untersucht er zunächst alle möglichen Nistplätze in seiner Voliere, dann lockt er die Henne mit leisem Rufen in den Nistkasten. Wenn Sie aufpassen, können Sie aus dem Nistkasten jetzt ein leises Picken und Trappeln hören – der übliche hüpfende Gang ist ja hier nicht möglich. Während dieser Begutachtung dringt außerdem ein leises, langgezogenes Wimmern aus dem Kasten. Hier findet jetzt nicht etwa die Paarung statt – der Hahn versucht vielmehr mit diesem Laut, die Henne für den Nistplatz zu interessieren.
Akzeptiert das Weibchen einen Nistplatz, kann der Nestbau sehr schnell gehen. Ich habe erlebt, daß mein Zimt-Männchen wie ein Besessener das Nistmaterial haufenweise anschleppte und schon nach einer halben Stunde das Nest im groben fertiggestellt hatte. Sein Eifer war so groß, daß sich auch sein Weibchen Juppi mitreißen ließ und ebenfalls einige Fäden eintrug. Normaler-

Vermehrung und Zucht

weise beteiligen sich Weibchen nur am Verbauen des Materials.
Nachdem genügend Material im Nest ist, kann man öfters beobachten, wie das Weibchen den Kopf herausstreckt, um unordentlich herumhängende Fäden oder Halme ins Innere zu ziehen. Ist der Kasten oder die Kokosnuß groß genug, bauen Zebrafinken auch noch Wände, Dach und sogar eine Eingangsröhre. Für Matz, den begabtesten Baumeister unter meinen Zebrafinken, ist so etwas selbstverständlich.

Zum Nestbau müssen Sie Zebrafinken ausreichend Nistmaterial anbieten.

Wenn Sie Ihre Vögel während des Nestbaus viel beobachten, können Sie in einer ausreichend großen Voliere auch die Balz und Paarung miterleben (→ Seite 66).

Eiablage und Brut

Sobald das Nest fertig ist – manchmal schon etwas früher – beginnt das Weibchen mit der Eiablage. Jeden Tag kommt nun ein Ei dazu, bis das Gelege mit 4 bis 6 Eiern vollständig ist. Meistens sind es 5 Eier, bei ganz jungen Weibchen oft nur 2 oder 3. Gleichzeitig ändert sich das Verhalten des Paares. Waren die beiden während des Nestbaus stundenweise im Nest und außerhalb meist zusammen, so sitzt nun ein Elternvogel ständig allein auf den Eiern. Henne und Hahn lösen sich durchschnittlich alle anderthalb Stunden ab, wobei die Henne oft etwas länger im Nest bleibt als ihr Partner. Nachts schlafen normalerweise beide Partner im Nest.
Ob Eier im Nest sind, läßt sich also am Verhalten leicht erkennen. Brütet das Paar in einem Kasten mit Schiebe- oder Klappdach, können Sie die Gelege-Größe auch einmal kontrollieren, wenn zufällig kein Elternteil auf den Eiern sitzt. Wenn Sie dazu die Eltern mittels Trennschieber in die andere Volierenhälfte aussperren, hält sich die Aufregung in Grenzen, sie kehren meist problemlos zum Gelege zurück und brüten weiter. Nötig ist eine Kontrolle allerdings nicht. Bei einem jungen und deshalb noch unerfahrenen Paar sollten Sie unbedingt auf jegliche Störung verzichten.
Haben Sie also Geduld und warten Sie. Meist wird ab dem dritten Ei fest gebrütet – dann dauert es noch mindestens elf Tage, bis die ersten Jungen schlüpfen. Innerhalb von zwei Tagen sind normalerweise alle aus dem Ei, wodurch nennenswerte Größenunterschiede kaum vorkommen. (Bei großen Gelegen kann das Ausschlüpfen allerdings drei oder vier Tage dauern.)

Vermehrung und Zucht

Aufzucht der Jungen

Nach dem Schlüpfen können Sie feststellen, daß regelmäßig einer der Altvögel vor dem Nest sitzt und Nahrung hochwürgt, dann zu seinem Partner ins Nest springt, um die Jungen zu füttern. Dieses Würgen läßt sich an der Bewegung der Kehle gut erkennen.

Die winzigen Jungen machen sich schon nach wenigen Tagen bemerkbar. Wenn es ruhig im Zimmer ist, können Sie ein ganz leises, zartes Wimmern und Wispern vernehmen, das sich von jetzt an ständig verstärkt und bald nicht mehr zu überhören ist. Dieses Bettelgeschrei erinnert Sie nun ständig an Ihre Pflichten.

Als Ersatz für halbreife Sämereien müssen Sie täglich Keimfutter servieren (→ Seite 23). Von dem Aufzuchtfutter, das ja ohnehin ständig zur Verfügung steht, sollten Sie etwas mit Quark, Ei oder geriebener Möhre vermischen (→ Seite 25). Seien Sie nicht enttäuscht, wenn sich Ihr Pärchen nicht gleich heißhungrig darauf stürzt. Sie wissen ja, daß Zebrafinken vor allem Neuen ein natürliches Mißtrauen zeigen. Irgendwann wird die Neugier siegen, und die Eltern werden sich auf das morgendliche Zusatzfutter einstellen. Wenn das rechtzeitig vor dem Schlüpfen geschieht, profitieren die Jungen sofort davon.

Es ist nicht zwingend erforderlich, daß Sie sofort nach dem Einschalten der Beleuchtung das angerührte Weichfutter geben. Nehmen die Elternvögel zuerst pflanzliches Futter auf, verfüttern sie ihren Kindern nicht zu viel tierisches Eiweiß, das ja in Ei und Quark enthalten ist.

Nach etwa zehn Tagen werden Sie erneut eine Verhaltensänderung beobachten. Haben die beiden Zebrafinken ihre Jungen bisher ständig gehudert (gewärmt) und gefüttert, so finden sie jetzt wieder mehr Zeit füreinander und lassen die Kleinen schon mal längere Zeit alleine. Die Jungen sind nun nicht mehr so sehr auf die Wärme ihrer Eltern angewiesen, weil am 12. Tag das Jugendgefieder durchbricht, das sie vor Kälte schützt.

Zu diesem Zeitpunkt legen Züchter ihren Zebrafinken geschlossene Aluminiumringe an. Haben die Kleinen erst einmal das Nest verlassen, sind die Fußgelenke für eine problemlose Beringung nicht mehr dünn und beweglich genug; in diesem Fall sollte man sich mit offenen Alu- oder Kunststoffringen begnügen.

Bei guter Fütterung kommen die kleinen Zebrafinken schon nach rund 18 Tagen aus dem Nest. Ich finde es immer wieder faszinierend, daß aus einem nackten, fleischfarbenen Winzling in dieser kurzen Zeit ein vollbefiederter Jungvogel heranwächst, der fast die Größe seiner Eltern hat.

Das erste Ausfliegen der Jungen ist sehenswert: Einem kleinen Zebrafinken ist zwar das Fliegen angeboren, aber leider nicht das Manövrieren und Landen, das muß er erst lernen. Er schießt also plötzlich aus dem Nest, fliegt schnurgerade gegen eine Wand und rutscht wild flatternd an ihr hinunter auf den Boden. Die Eltern fliegen sofort aufgeregt rufend hinterher und versuchen, den Kleinen wieder zurück ins Nest zu geleiten. Zunächst versucht er, in steilem Flug die oberste Sitzstange zu erreichen, verliert aber meist das Gleichgewicht und fällt wieder auf den Boden. Nach mehreren Versuchen und Abstürzen schafft er es dann, längere Zeit auf einer Stange sitzenzubleiben und folgt schließlich seinen Eltern wieder ins Nest, wo er gefüttert wird.

Vermehrung und Zucht

Die Jungen kommen nicht alle gleichzeitig aus dem Nest, sondern oft erst im Laufe von zwei oder drei Tagen. Manchmal bleiben die zuerst ausgeflogenen Jungen am zweiten Tag im Nest und kommen erst am dritten mit den übrigen wieder heraus. Sie finden sich dann schnell zusammen und sitzen in einer langen Kette eng beieinander.

Bei ihrem ersten Ausflug können junge Zebrafinken schnell verunglücken, zum Beispiel in einer Wasserschale, die Sie jetzt nur ganz flach füllen dürfen. Versuchen Sie nicht, die Kleinen ins Nest zurückzusetzen – sie springen meist vor lauter Angst sofort wieder heraus. In dieser kritischen Zeit ist Fiepchen immer in größter Sorge um ihren Nachwuchs. Ich brauche bloß das Zimmer zu betreten, schon empfängt es mich mit einer schnellen Folge kurzer lauter Warnrufe. Dabei reagieren die Jungen zunächst völlig ruhig, selbst wenn ich sie ganz aus der Nähe betrachte; sie merken zwar, daß etwas nicht stimmt, verstehen aber noch nicht, woher die Gefahr eigentlich kommt. Es dauert also immer ein paar Tage, bis sie das richtige »Feindbild« haben und vor uns Menschen fliehen.

Nach dem Ausfliegen ist das Bettelgeschrei am lautesten; beide Eltern werden beharrlich von den hungrigen Jungen verfolgt. Dabei kann es geschehen, daß die Jungen auch andere anwesende Zebrafinken anbetteln. Ein Junges von Felix und Fiepchen wandte sich einmal hungrig an Matz, der damals mit den beiden eine Voliere bewohnte. Matz konnte dem starken optischen und akustischen Reiz des bettelnden Kleinen nicht widerstehen und fütterte es geduldig.

Viermal am Tag füttern Zebrafinken besonders intensiv, jeweils am frühen und späten Vor- und Nachmittag. Zwischendurch schlafen die Jungen viel, vor allem im Nest. Achten Sie während einer Fütterung einmal auf die aufgesperrten schwarzen Schnäbel der Kleinen: im Inneren können Sie auch von weitem die für alle Prachtfinken typische Rachenzeichnung erkennen.

So füttern Zebrafinken ihre flüggen Jungen, die dabei eine typische Bettelstellung (ganz rechts) einnehmen.

Junge Zebrafinken sind in den ersten Tagen noch zum Schlafen auf ihr Nest angewiesen. Eine Woche nach dem Ausfliegen aber müssen Sie den Nistkasten leeren und reinigen. Da Zebrafinken keine Nesthygiene kennen, haftet an der Rückseite der Bruthöhle jetzt eine dicke kranzförmige Kotschicht, die das Nistmaterial möglicherweise fest an die Rückwand des Kastens geklebt hat. Wenn die Nestlinge nämlich am achten Lebenstag die Augen öffnen, drehen sie sich zum Licht (Nesteingang) und schieben sich zum Koten etwas nach hinten gegen die Rückwand.

Das Aufwachsen der Jungen

Schon bald picken die kleinen Zebrafinken an der Vogelmiere, an Zweigen und Kolbenhirsen, um dann doch wieder bei den Eltern zu betteln.

Endlich aber schafft es der Jungvogel, sein

Vermehrung und Zucht

erstes Samenkorn zu enthülsen, von nun an frißt er immer häufiger selbst. Drei Wochen nach dem Ausfliegen – im Alter von fünf bis sechs Wochen – ist er selbständig, wird aber oft noch länger gefüttert.

Jetzt können Sie die Jungen schon von ihren Eltern trennen und in einem eigenen Käfig unterbringen. Besser ist es aber zu warten, bis sie von den wieder brutwilligen Eltern nicht mehr geduldet werden; dann hat sich die Zebrafinkenfamilie aufgelöst, und die Eltern jagen die Jungen bis zur Erschöpfung. Dieses für menschliche Begriffe grausame Verhalten findet auch umgekehrt statt. Kann ein junger Zebrafink bei seinen Eltern in einer großen Voliere bleiben und dort einen Partner finden, wird er genauso unbarmherzig seine Eltern angreifen, wenn diese nunmehr als Konkurrenten seinem Nistplatz zu nahe kommen.

Die gerade selbständigen Jungen sollten Sie auf keinen Fall sofort verkaufen, damit sie ein artgemäßes Verhalten entwickeln können und Ihnen schließlich ihr schönes Alterskleid zeigen. Zuerst sehen Sie nur, wie der Schnabel seine Farbe von der Schnabelwurzel her ändert: von schwarz über hornfarben zu orange und später bei ausgefärbten Männchen zu einem kräftigen Rot. Auf der Spitze des Oberschnabels hält sich das Schwarz am längsten. Etwas später als der Schnabel beginnt das Gefieder sich umzufärben. Noch ganz schwach zeigt sich beim jungen Hahn der orange Wangenfleck, die weißgefleckte, kastanienbraune Flankenzeichnung, das schwarze Brustband und die Zebrazeichnung der Kehle. Von diesem vorübergehenden Farbenwirrwarr bleiben die jungen Hennen verschont, deutlich sichtbar verändern sich bei ihnen nur Schnabel und Beine (→ Seite 68).

Ebenso ungeordnet wie die Zeichnung erscheint zunächst der Gesang des Junghahns: Während seiner ersten Lebenswochen hat er dem Gesang seines Vaters zugehört und bemüht sich nun, ihn nachzuahmen. Das Ergebnis ist eine Reihe kurzer und ungegliederter, geradezu »verunglückter« Gesangsstrophen. Das viele Üben führt schließlich zum Erfolg – auch dann, wenn der Vater oder ein anderer Hahn gar nicht mehr da ist. Der Kleine prägt sich den Gesang also zunächst nur ein und übt dann später erst »aus der Erinnerung«. Die Wissenschaft spricht hier von »Prägung« in einer »sensiblen Phase«; mit dem üblichen Lernen durch gute und schlechte Erfahrungen hat das nichts zu tun.

Es gibt noch eine Menge anderer Dinge, die sich ein junger Zebrafink in so einer sensiblen Phase einprägt, zum Beispiel wer ein Männchen, ein Weibchen und wer überhaupt ein Artgenosse ist. Wenn Sie ihn zu früh verkaufen und er dann etwa nur Japanische Mövchen um sich hat, wird er sich schließlich selbst für ein Mövchen halten und sein ganzes Leben lang von Zebrafinken nichts mehr wissen wollen. Warten Sie also bitte, bis die Jungen mit gut zwei Monaten fast völlig ausgefärbt sind – dann ist auch die Prägungsphase abgeschlossen. Einen Monat später sind Zebrafinken schon geschlechtsreif.

Noch ein Tip: Wenn Sie die Jungen nicht beringen, müssen vor ihrem Ausfärben die Eltern beringt sein, damit Sie später nicht aus Versehen ein Elternteil verkaufen. Oder trauen Sie sich zu, zwei gleich gefärbte Vögel sicher zu unterscheiden?

Graues Zebrafinkenpaar. Der Hahn (rechts) hat noch die rote Iris der Wildform. ▷

Probleme bei der Zucht

Auch bei Zebrafinken kann es vorkommen, daß die Zucht nicht gelingt. Wenn Sie keine Balz, Paarung oder Eiablage feststellen können, überprüfen Sie zunächst die Haltungsbedingungen (Temperatur, Licht, Größe der Voliere). Bei meinem ersten Pärchen erfolgten Balz und Begattung erst, als ich die beiden aus ihrem zu kleinen Käfig herausließ. Sind aber alle Bedingungen erfüllt und die Vögel alt genug, so gibt es zwei Möglichkeiten: Entweder einer von beiden ist unfruchtbar (vielleicht schon zu alt?), oder (wahrscheinlich) die beiden harmonieren nicht miteinander; dann müßten Sie einen Partner austauschen.

Gerade bei jungen Paaren kommt es vor, daß zunächst alles gut geht, die beiden dann aber plötzlich das Gelege oder die Jungen einfach überbauen, aber auch woanders mit einem zweiten Gelege beginnen und ihren Nachwuchs somit absterben lassen. Vor dem erneuten Nestbau werden manchmal sogar die Eier angepickt oder die Jungen einfach hinausgeworfen.

Die Ursache für dieses unnormale Verhalten kann Streit zwischen den Partnern oder Unerfahrenheit sein – oder zu wenig Nistmaterial. Zebrafinken müssen ihren angeborenen Nestbautrieb ausleben können. Wenn das Nest aber zu klein oder nicht genug Baumaterial vorhanden ist, sind sie vielleicht geneigt, mit diesem Material noch einmal zu bauen oder später gereichtes Nistmaterial auch noch zu verbauen. Geben Sie ihnen daher zunächst große Mengen davon, und bieten Sie anschließend für kleinere Reparaturen immer etwas in einer Raufe an.

Ein Mangel an Nistmaterial kann auch zum Rupfen des Partners oder gar der Jungen führen – die ausgerupften Federn finden sich nämlich später im verbauten Nistmaterial wieder. Ich habe dieses Fehlverhalten bislang nur einmal erlebt: Bei seiner ersten erfolgreichen Brut rupfte ein Hahn sowohl sein Weibchen als auch seine Kinder am Hals völlig kahl, um das Nest auszupolstern.

Wenn Zebrafinken zu oft und zu schnell hintereinander brüten, wird vor allem die Henne sehr geschwächt. Außerdem nimmt so die Größe der Eier und die Qualität der Jungen ab. Lassen Sie also möglichst nicht mehr als drei Bruten pro Jahr zu. Die Eiablage strengt die Henne nicht so an wie die Aufzucht, daher genügt es, das vollständige Gelege durch weiße Keramik- oder Kunststoffeier gleicher Größe zu ersetzen. Findet der Tausch zu früh statt, legt das Weibchen meistens weiter, bis das Gelege vollständig ist. Auch das Weglassen von Nistmaterial kann manchmal die Brut verhindern. Auf ein Nest zum Übernachten können Zebrafinken allerdings nicht verzichten!

Was Sie über Farbschläge wissen müssen

Alle in Europa gezüchteten (Schau-)Zebrafinken stammen von der australischen Rasse des Zebrafinken ab; Timor-Zebrafinken, die nur auf den Kleinen Sunda-Inseln zu finden sind, dürften nur in geringem Maße und mehr aus Versehen eingekreuzt worden sein. Durch die immer noch andauernde Domestikation hat sich unser Zebrafink schon so weit von seiner Wildform entfernt, daß selbst der häufige graue Farbschlag sich von dieser deutlich unterscheidet.

Die in den letzten Jahrzehnten gezüchteten Farbschläge unterscheiden sich aber auch in

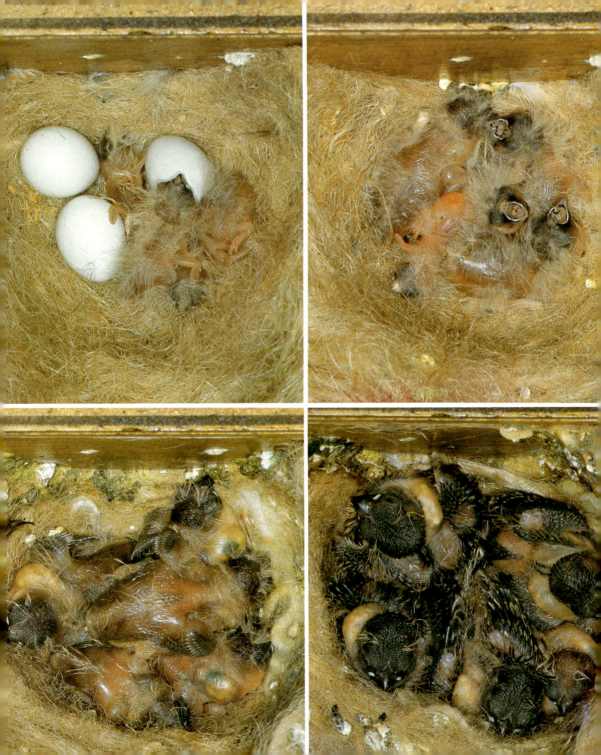

◁ Die ersten Tage im Leben von Zebrafinken.
Oben: Nestlinge am zweiten und vierten Lebenstag;
unten: am achten und zwölften Tag.

ihrer Form vom Wildvogel. Ein von der AZ und vom DKB (→ Seite 70) aufgestellter Standard legt Größe, Typ, Haltung, Flügel, Schwanz, Beine und Schnabel und natürlich Farbe und Zeichnung des »idealen« Zebrafinken fest und steuert dabei über die Wildform hinaus. Schau-Zebrafinken, die man auf Vogel-Ausstellungen bewundern kann, sind bis zu 2 cm größer als der Wildvogel. Der für alle Farbschläge angestrebte kräftige tropfenförmige Typ (→ Seite 8) orientiert sich zwar weitgehend an der Wildform; es dauert aber meist einige Zeit, bis er erreicht ist, denn sowohl in der Farbzucht wie in der kommerziellen Massenzucht treten oft kleine und schwächliche Tiere mit schlechter Figur (Typ) auf. Manche Farbschläge sind zumindest anfangs mit allerlei Erbschäden behaftet wie Kälte- oder Lichtempfindlichkeit, allgemein größere Anfälligkeit gegenüber Mangelerkrankungen und sogar Blindheit und Verkrüppelungen.

Einige Farbschläge können für sich allein gar nicht existieren: reinerbige Junge können entweder degenerieren und zu klein werden – oder sie sterben als »dominante Mutation« schon als Embryonen oder Nestlinge ab. Andere Farbschläge (Kombinationsfarben) sind bei jedem einzelnen Vogel das Produkt zweier Farbschläge, die man zusätzlich nebenher züchten muß.

Ratschläge für den Anfänger

Farbschläge entstehen in der Regel durch Verdünnung der Grundfarbe und Zeichnung (→ Seite 49); es handelt sich also eigentlich nicht um andere Farben, sondern um weniger Farbe. (Ein Tier ganz ohne Farbpigmente nennt man bekanntlich »Albino«.)

Alle Farbschläge beruhen auf Mutationen, also Veränderungen der Erbanlage, die auch in der Natur immer wieder auftreten. Dort verschwinden sie aber schnell wieder, weil sich die (dominante) Wildfarbe gegen neue, »unnatürliche« Farben durchsetzt. Das geschieht nicht zuletzt aus Gründen der Arterhaltung, denn helle (weiße) Vögel sind für Raubtiere auffälliger, und ein naturfarbenes Weibchen wird sich immer für ein Männchen mit vollständigem, kräftigem Prachtkleid entscheiden (→ Seite 67). Der Bewerber einer anderen, verdünnten Farbe ist im wahrsten Sinne des Wortes eine »farblose Erscheinung« und hat keine Chance.

Dem Anfänger in der Farb- beziehungsweise Schauzucht möchte ich ein paar Ratschläge mit auf den Weg geben:

● Schaffen Sie sich nicht mehr als ein oder zwei Farbschläge an, damit Sie sich nicht verzetteln.

● Fangen Sie mit einer züchterisch schon erprobten und relativ problemlosen Farbe an, zum Beispiel Grau, Zimt, Grau- oder Zimtschecke oder auch Weiß.

● Vermeiden Sie die oben angeführten Risiken der Farbzucht; machen Sie also keine gefährlichen Experimente nur aus Neugier und Unwissenheit.

● Führen Sie ein Zuchtbuch, in das Sie alle Aspekte Ihrer einzelnen Zuchten eintragen, zum Beispiel Brutdauer, Nestlingszeit, Ausfärben, Erbanlagen und Farben.

● Informieren Sie sich gründlich über die einzelnen Farbschläge; dazu gehört auch eine ausreichende Kenntnis der Vererbungslehre. In den beiden folgenden Kapiteln kann ich Ihnen nur einen Überblick über diese umfangreichen Themen geben, um Sie anzuregen, sich intensiver damit zu beschäftigen (→ Bücher, die weiterhelfen, Seite 70).

Vermehrung und Zucht

Wie vererben sich die Farben?

Die Genetik ist sicher ein kompliziertes und weites Gebiet. Viele Menschen haben aber schon einmal etwas von Vererbungsgesetzen und ihrem Entdecker Johann Gregor Mendel gehört. Vielleicht wissen Sie auch, daß die Träger der Erbanlagen in den Zellkernen »Chromosomen« heißen und die Menschen davon einen doppelten Satz in den normalen Körperzellen haben. Neben den normalen Chromosomen-Paaren haben die Körperzellen auch zwei Geschlechtschromosomen, die man bei der Frau mit XX und beim Mann mit XY bezeichnet. Chromosomen sind gekrümmte stäbchenartige Gebilde, die in viele Abschnitte, die Gene, unterteilt sind. Da die normalen (wie auch die X-)Chromosomen-Paare jeweils identisch sind, enthalten auch deren Gene jeweils an gleicher Stelle gleiche Erbinformationen. Alle Erbmerkmale (Gene) sind also grundsätzlich doppelt angelegt – außer in den Geschlechtszellen: diese haben nämlich nur einen einfachen Chromosomensatz; bei einer Befruchtung entsteht aus zwei einfachen Sätzen wieder ein normaler, doppelter Satz, also ein neues Lebewesen.

All dies ist bei Zebrafinken genauso wie bei uns Menschen – mit einem kleinen Unterschied: bei Vögeln hat die Henne die XY-Chromosomen. Von diesen beiden trifft eins auf ein X des Hahns, so daß wiederum ein Hahn (XX) oder eine Henne (XY) entsteht. Schauen Sie sich einmal dieses Schema an:

	X	Y	= Henne
X	XX	XY	} Junge
X	XX	XY	

Wie Sie sehen, gibt es vier Kombinationsmöglichkeiten, und dabei entstehen immer je zur Hälfte Männchen und Weibchen.

Mit dem oben gezeigten Schema können Sie auch einfache Farbkreuzungen darstellen: Nehmen wir an, Sie wollen einen normalen grauen mit einem weißen Zebrafinken kreuzen. In der Vererbung ist Grau (Wildfarbig) anderen Farben meist überlegen (dominant), Weiß ist deshalb unterlegen (rezessiv). Sie kreuzen also ein dominantes Merkmal (GG für Grau) mit einem rezessiven (ww), wobei in den Geschlechtszellen jeweils ein G oder w zum Zuge kommt. Das Ergebnis ist viermal Gw:

	w	w
G	Gw	Gw
G	Gw	Gw

Wenn die Jungen ausgefärbt sind, zeigen Sie nur die dominante graue Farbe, die sich gegen die weiße äußerlich durchsetzt und deshalb mit einem Großbuchstaben gekennzeichnet ist. Die Tiere sind also grau, aber nicht reinerbig, sondern spalterbig in Weiß. Das können Sie außer mit großen und kleinen Buchstaben (Gw) auch mit einem Schrägstrich darstellen: grau/weiß. In der Fachsprache der Genetik bezeichnet man (rein- oder spalterbige) Veranlagung auch als »Genotyp« und das äußere Erscheinungsbild als »Phänotyp«. Interessant wird es, wenn Sie Grau/weiße untereinander kreuzen

	G	w
G	GG	Gw
w	Gw	ww

Wenn Sie also von zwei gekauften grauen Vögeln auf einmal ein weißes Kind erhalten, wissen Sie jetzt warum.

48

Vermehrung und Zucht

Spalterbige (Gw) und dominante Reinerbige (GG) lassen sich äußerlich (phänotypisch) nicht unterscheiden. Ein rezessives Merkmal wird erst sichtbar, wenn es doppelt, also reinerbig (ww) vorliegt. Ein doppeltes dominantes Gen führt bei einigen Mutationen zum Tode.

Schließlich sollten Sie noch die geschlechtsgebundene Vererbung kennenlernen, die es auch bei Menschen gibt (Farbenblindheit, Bluterkrankheit): Auf dem X-Chromosom der Henne kann zwar ein Gen etwa für Zimt liegen, auf dem kleineren Y-Chromosom aber fehlt das entsprechende Gen für Zimt oder Grau. Deshalb kann eine Zimt-Henne immer nur reinerbig (z-) sein, ein Hahn dagegen entweder reinerbig (zz) oder spalterbig in Zimt (Gz) und äußerlich grau.

Mein Zimt-Männchen kann also mit seinem grauen Weibchen immer nur Zimt-Hennen, aber graue spalterbige Hähnchen haben:

	G	(Y)
z	Gz	z-
z	Gz	z-

In der Tierzucht werden übrigens männliche Tiere mit 1,0 (oder 2,0, 3,0) und weibliche mit 0,1 bezeichnet. Ein Zebrafinkenzüchter liest also zum Beispiel für 2,2 Grau: zwei graue Paare.

Die wichtigsten Farbschläge

Da man fast alle Mutationsmerkmale miteinander kombinieren kann, lassen sich bislang rund 60 Farbschläge unterscheiden. Die meisten davon sind Grau- oder Zimt-Kombinationen. Um die Abweichungen von der Wildform zu verdeutlichen, beginne ich die Beschreibung der bekanntesten Farbschläge mit dem Wildvogel.

Wildfarben. Der wildlebende Zebrafink ist rund 11 cm groß und vor allem an seiner leuchtendroten Iris zu erkennen; die Gesichtszeichnung zeigt einen deutlich schwarz-weißen Kontrast, der graue Rücken ist ganz leicht braun getönt, und das Bauchgefieder auch der Weibchen ist weiß. Diese Wildform des Zebrafinken gibt es bei uns nicht mehr, seit seine Ausfuhr aus Australien verboten ist. Der Timor-Zebrafink wird gelegentlich noch eingeführt. Er ist kleiner als die australische Rasse, hat ein viel schmaleres Brustband und über diesem fast keine Zebrazeichnung mehr. Der Oberkopf ist leicht bräunlich. Gegenüber Grau vererbt er rezessiv, darf also nur reinerbig gezüchtet werden. Es ist schwer zu begreifen, daß diese noch völlig naturbelassene Rasse oft von den Preisrichtern der Vogel-Ausstellungen schlechter bewertet wird als gezüchtete Zebrafinken.

Grau. Der graue Zebrafink steht der Wildform am nächsten. Die Iris ist jedoch dunkel und kaum noch zu sehen; das Bauchgefieder der Weibchen ist beige – und auch ihre Gesichtszeichnung ist häufig etwas dunkler. Der Rücken ist heute entweder noch grauer als beim Wildvogel oder bei »schlechten« Grauen braun getönt. Der Standard fordert einen schiefergrauen Rücken – deshalb bezeichnet man diese Vögel als Graue. Leider

Vermehrung und Zucht

sind viele Graue heute nicht mehr reinerbig, sondern tragen verdeckt rezessive Faktoren.

Zimt. Die Farbe entstand durch Pigment-Einlagerung in chemisch veränderter Form (→ Seite 59). Auch in freier Wildbahn kommt sie gelegentlich vor. Sie stellt neben Grau für viele Farbschläge eine neue Grundfarbe dar. Zimt vererbt, wie gesagt, geschlechtsgebunden.

Schecke. Die Scheckung entsteht, wenn nur in einigen Gefiederpartien Pigmente eingelagert werden. Da kein Schecke genau wie ein anderer aussieht, können Sie nach jeder Brut neue Weiß-Muster erwarten.
Schecken vererben rezessiv, dominieren aber über weiß.

Weiß. Diese Farbe beruht auf völligem Pigmentausfall, von dem nur die Augen verschont bleiben. Es handelt sich also nicht um Albinos, die ja rote Augen haben. Aufgrund ihres Verhaltens sollten Sie weiße Zebrafinken nicht zu mehreren Paaren halten (→ Seite 67).

Schimmel. Weiß mit grauem (oder zimtfarbenem) »Schimmel« auf der Oberseite. Die Vererbung ist noch nicht geklärt.

Marmosett. Ein weißer bis leicht cremefarbener Vogel, der seine Zeichnung zumindest blaß bewahrt hat. Er vererbt geschlechtsgebunden. Seine Reinzucht ist problematisch.

Hellrücken. Diese Mutation vererbt ebenso wie Zimt geschlechtsgebunden.

Silber. Der silbrige Eindruck entsteht durch eine Verdünnung der Melanin-Pigmentierung an sich grauer Zebrafinken. Silbervögel sollten nicht untereinander verpaart werden, weil Silber dominant ist und bei Reinerbigkeit zum Tod führt.

Creme. Eine Verdünnung der Zimtfarbe, die durch eine Kombination von Zimt und Silber zustande kommt. Eine Verpaarung von Creme und Creme oder auch Silber und Creme führt daher nicht zum Erfolg, wohl aber Creme und Zimt.

Schwarzbrust. Das schwarze Brustband ist hier bis zur Kehle vergrößert, die Tränenstriche und die Bänderung des Schwanzes gingen verloren. Diese Mutation ist besonders kälteempfindlich.

Pinguin. Unterseite und Gesicht sind ohne Zeichnung, also weiß. Die Oberseite ist grau oder zimt. Diese beiden Farben müssen gelegentlich eingekreuzt werden, um ein Degenerieren zu verhindern.

Hellbrust. Wie Pinguin, aber mit verdünnter Rückenfarbe, Schwanz- und Zebrazeichnung. Zucht wie bei Creme mit Zimt.

Gelbschnabel. Die Vererbung ist rezessiv; es gibt also nur rote oder gelbe Schnäbel, keine Zwischenfarben.

Haube. Kein Farbschlag, sondern ein flacher Federwirbel durch angeborene Veränderung der Kopfhaut. Die Vererbung ist dominant. Reinerbige Tiere (Haube × Haube) sind nicht lebensfähig.

Bleiwangen- und Orangebrust-Zebrafinken. Sind teilweise mit Blindheit und anderen Erbschäden behaftet.

Viele weitere Kombinationen, zum Beispiel Schwarzbrust (Grau oder Zimt) mit Schecke, Haube, Gelbschnabel.

Wenn Zebrafinken krank werden

Vorbeugen ist der beste Schutz

Wenn Sie Ihre Zebrafinken artgemäß, sauber und gefahrenfrei unterbringen und richtig ernähren, werden Sie wenig Probleme mit der Gesundheit Ihrer Vögel haben. Die meisten Krankheiten – vor allem Erkrankungen der Atmungsorgane, Darmstörungen, Knochenbrüche, Wunden, Infektionen und Mangelkrankheiten – gehen nämlich häufig auf Fehler oder Nachlässigkeiten des Vogelhalters zurück.

Vorbeugen ist daher nicht nur eine moralische (und gesetzliche) Verpflichtung jedes Vogelhalters, sondern auch einfacher und preiswerter als Heilungsversuche – und für die kleinen Prachtfinken oft die einzige Chance zum Überleben. Alle kleinen Vögel und Säugetiere haben im Verhältnis zu ihrer Körpergröße einen sehr hohen Energieverbrauch und müssen somit ständig fressen. Wird ein Zebrafink durch eine Krankheit geschwächt oder an der Nahrungsaufnahme gehindert, stirbt er daher meist sehr schnell. Damit Ihre Zebrafinken eine Krankheit überstehen können, ist ihre tägliche Beobachtung unumgänglich. Wenn Sie mögliche Anzeichen einer Krankheit entdecken, müssen Sie sofort ihre Ursache herausfinden und abstellen sowie schnellstens Behandlungsmaßnahmen ergreifen.

Allgemeine Krankheitsanzeichen

Ein Zebrafink, der sich nicht wohl fühlt, fällt durch sein lustloses Verhalten auf. Er beschäftigt sich kaum, sitzt teilnahmslos, meist allein, auf der Stange und dreht oft den Kopf mit geschlossenen Augen auf den Rücken. Ist der Vogel erkrankt, plustert er zur besseren Wärmeregulierung sein Gefieder auf und hockt waagerecht mit dem Bauch auf der Stange, in schweren Fällen auf dem Boden; seine Augen sind halb oder ganz geschlossen, oft bewegt er sich mit jedem schweren Atemzug leicht auf und ab.

Ein Vogel, der aufgeplustert und mit zugekniffenen Augen auf dem Boden sitzt, ist krank und muß sofort behandelt werden.

Diese Begleiterscheinungen vieler Krankheiten sollten Sie alarmieren. Wenn Sie eine Krankheit rechtzeitig erkennen, hat so ein kleiner Vogel noch eine Überlebenschance. Allerdings ist nicht jeder Zebrafink, der auf dem Bauch liegend ein Nickerchen macht, gleich krank; das läßt sich aber durch genaues Beobachten schnell unterscheiden.

Erste Behandlungsmaßnahmen

Als Laie können Sie drei Soforthilfe-Maßnahmen ergreifen:
- Isolation des Vogels in einem Krankenkäfig (→ Seite 52), damit er von anderen Vögeln nicht gejagt wird und diese nicht an-

Wenn Zebrafinken krank werden

stecken kann. Außerdem können Sie ihn so besser behandeln.
● Bestrahlung mit einem Infrarot-(Dunkel-)Strahler. Sie gleicht Wärmeverluste aus, fördert die Durchblutung und stärkt die Abwehrkräfte. Nach Unfällen (Brüchen) wird Bestrahlung nicht empfohlen.
● Vitaminzufuhr und Diätkost. Viele Krankheiten beruhen auf Vitaminmangel, den Sie mit einem Multivitaminpräparat beheben können. Einige Präparate liefern zusätzlich alle Aminosäuren, Mineralstoffe und Spurenelemente. Manche Krankheiten (Infektionen, Parasitenbefall) führen zu Durchfall. Eine Diät aus trockenem Körnerfutter (Kolbenhirse) und Wasser oder verdünntem Kamillentee wirkt Darmstörungen entgegen; Holzkohle entgiftet den Darm. Geben Sie Weich- und Grünfutter sowie Sand erst nach einigen Tagen wieder; dann sollten Sie auch die Vogelkohle wieder absetzen, damit Medizin oder Vitamine voll wirksam werden.

Der Krankenkäfig

Isolieren Sie den erkrankten Vogel in Ihrem Reservekäfig, den Sie an drei Seiten und oben mit einem Tuch bespannen und dann davor einen Infrarot-Strahler montieren. Da eine hohe Luftfeuchtigkeit zusammen mit Wärme die Genesung fördert, sollten Sie die Tücher anfeuchten. Sehr geeignet ist ein Kistenkäfig (→ Seite 10); hat er ein Dachgitter, können Sie Ihren gefiederten Patienten von oben bestrahlen.
Ideal als Krankenkäfig sind die im Zoofachhandel erhältlichen Krankenboxen, die mit Dunkelstrahler, Thermostat und Hygrometer ausgestattet und vorne zusätzlich mit einer Plexiglas-Scheibe zu verschließen sind (für Inhalationen). Die Maße betragen zum Beispiel 45 × 40 × 66 cm oder 85 × 42,5 × 52 cm. Wesentlich preisgünstiger als diese vollausgestatteten Boxen bieten die gleichen Firmen eine Kleinbox aus Kunststoff an (41 oder 51 cm lang), die aber wegen der niedrigen geschlossenen Decke nur eine Bestrahlung von vorne zuläßt.
Um eine Überhitzung des Vogels zu vermeiden, darf nur eine Hälfte des Krankenkäfigs bestrahlt werden und dort die Temperatur nie über 30 bis 35° C ansteigen. In die kühlere Hälfte kann der Vogel bei Bedarf ausweichen. Der Wärmestrahler muß Tag und Nacht brennen. Wenn Sie eine Rotlichtlampe verwenden, sparen Sie sich nachts die sonst notwendige schwache (!) Zusatzbeleuchtung – ein kranker Vogel muß auch nachts Futter finden können. Er braucht absolute Ruhe und ist deshalb außer Rufweite seiner Artgenossen unterzubringen.

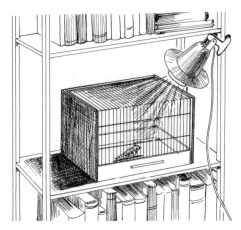

Bei vielen Erkrankungen fördert die Bestrahlung mit einer Wärmelampe den Heilungsprozeß.

Wenn Zebrafinken krank werden

Die Vogelapotheke

Für Krankheitsfälle sollte der Vogelhalter immer einige Hilfsmittel und Medikamente zur Verfügung haben. So gehören in eine zweckmäßige Vogelapotheke: ein Infrarot-Strahler (Osram-Siccatherm, Philips) oder Dunkelstrahler (Elstein, Philips) mit 100 bis 150 Watt, ein Multivitamin-Präparat (falls Sie sonst keines verwenden), Vogelkohle, blutstillende Eisenchlorid-Watte oder Clauden-Watte (1 g oder 5 g, Apotheke), Wattestäbchen, Jod oder Chinosol zum Desinfizieren, eine Pipette zum Eingeben von Tropfen, eine kleine Schere, Leukoplast oder Garn, ein Krallenknipser, ein Mittel gegen Parasiten (Milbentod, 404 und auch vorbeugend: Mafustrips), ein Desinfektionsmittel für Volieren und Zubehör (Vigor Amo-Sept oder Sani-Pol, DESI-plus). Außerdem ein Buch über Vogelkrankheiten (→ Bücher, die weiterhelfen, Seite 70) und die Adresse eines Tierarztes, der mit kleinen Vögeln Erfahrung hat.
Breitband-Antibiotika (Terramycin, Aureomycin) sind ebenso wie Sulfonamide rezeptpflichtig und nur begrenzt haltbar. Sie dürfen nur im Krankheitsfall (nie vorbeugend!) eingesetzt und nur nach Körpergewicht dosiert werden. (Ein Zebrafink wiegt rund 13 g.) Die im allgemeinen fünftägige Behandlung ist nicht zu unterbrechen. Gleichzeitig müssen Sie ein Multivitamin-Präparat verabreichen (→ Seite 26).

Der Gang zum Tierarzt

Schwere Erkrankungen führen bei kleinen Vögeln rasch zum Tod (→ Seite 51). Deshalb ist – wie gesagt – die schnelle Hilfe entscheidend. Sie haben also nicht viel Zeit, die richtige Diagnose zu stellen oder gar mehrere Behandlungsmethoden auszuprobieren. Wenn Sie sich über die Krankheit oder ihre Behandlung nicht im klaren sind, kann nur noch der Tierarzt weiterhelfen.
Ein Tierarzt, der auf Kleintiere oder Vögel spezialisiert ist, hat sicher auch mit Prachtfinken Erfahrung; hier ist ein kranker Zebrafink in den besten Händen. Damit er sich nicht unnötig ängstigt, bringen Sie ihn am besten in seiner vor Kälte und Zugluft geschützten Krankenbox in die Praxis. Dort kann der Arzt den kleinen Patienten dann in Ruhe betrachten und auch seinen Kot untersuchen.

Krankheiten und ihre Behandlung

Die wenigsten Vogelkrankheiten sind an eindeutigen oder typischen Krankheitsanzeichen zu erkennen. Der ausführliche Katalog der wichtigsten Krankheitssymptome auf Seite 54 verweist auf die jeweils mögliche Art der Krankheit. Dieser Katalog wird Ihnen nicht nur beim Erkennen einer Krankheit helfen, sondern auch beim Gespräch mit dem Tierarzt, der ja oft genug auf Ihre Beobachtungen angewiesen ist.

Erkältungen
Ursachen: Zugluft, Kälte, kalte Nässe, plötzlicher Temperaturabfall können die Widerstandskraft des Vogels gegen Erreger von Erkältungskrankheiten so schwächen, daß der Vogel erkrankt.
Behandlung: Unterbringung in der Krankenbox, Wärme, Vitamine und Diätkost, um auch die Darmerkrankung (eine häufige Begleiterscheinung bei Erkältungen) zu be-

Wenn Zebrafinken krank werden

Katalog der wichtigsten Krankheitssymptome

Symptome	Diagnosen
Hängender Flügel; vergebliche Flugversuche	Flügelbruch
Herunterhängender Lauf	Beinbruch
Vogel kann sich nicht auf der Stange halten oder liegt mit dem Bauch auf; hüpft unsicher	Beinbruch; Lähmung
Hängenbleiben (am Gitter oder am Nistmaterial)	Zu lange Krallen; falsches oder zu langes Nistmaterial
Verfärbungen und Schwellungen an den Zehen	Brand (Gangrän) Gelenkentzündung (vor allem an den Ballen), Infektion
Verkrümmungen der Zehen und Läufe	Rachitis; Bewegungs- und Vitaminmangel; Verletzungen; Gelenkentzündungen
Schnabeldeformation	Übermäßiges Hornwachstum
Trägheit, Lähmungserscheinungen, Verdrehen des Kopfes, Krämpfe, Zucken, Taumeln	Gehirnerschütterung; Vitaminmangel (meist B, seltener E); Infektion; Vergiftung
Dicke, stark beschuppte Läufe und Zehen	Übermäßiges Hornwachstum; Grabmilben (Räude)
Kahle Stellen (vor allem an Kopf und Hals)	Platzwunden, die nicht genäht wurden; Hormonstörungen; Mangelerkrankungen; Rupfen durch andere Vögel; Befall mit Außenparasiten; Schreckmauser
Ständiger Verlust einiger Federn ohne Gefiederlücken	Mauser. Keine Krankheit, dient der notwendigen Erneuerung des Federkleids
Nervosität, Picken im Gefieder, heftiges Kratzen, ständige Unruhe, auch nachts	Rote Vogelmilbe (häufig) – sitzt meist nur nachts auf den Vögeln. Federlinge, Läuse
Trägheit, Kurzatmigkeit, Erschöpfung	Fettsucht (und Leberschaden)
Schleimig-eitrige Nasenausflüsse, verstopfte Nasenöffnungen	Erkältung; Infektionen; giftige Dämpfe
Schweres Atmen mit weit geöffnetem Schnabel, Atemgeräusche, schwere allgemeine Krankheitssymptome	Erkältung; Infektionen; Luftsackmilben und andere Parasiten (Filarien)
Durchfall, dünnflüssiger bräunlicher, grünlicher oder gelblicher Kot, manchmal blutig; Freßunlust, feuchte, gerötete Kloake	Darmerkrankung; Erkältung; Infektionen mit Bakterien, Pilzen; Viren; Parasiten (Kokzidien, Würmer)
Koten unter deutlichem Pressen, vergrößerte oder verhärtete, teilweise blutige Kotballen, allgemeine Krankheitssymptome	Verstopfung (selten); Darmverschluß durch Legenot oder Eileiterbrüche
Vergebliches Pressen, schließlich Atemnot, Apathie, Erschöpfung und Beinlähmung	Legenot
Eileiter hängt aus der Kloake	Eileitervorfall

Wenn Zebrafinken krank werden

kämpfen. Verschreibt der Tierarzt Antibiotika, so ist die (nach Vorschrift) richtig dosierte Lösung vorsichtig mit einer Pipette einzuflößen.

Darmerkrankungen

Ursachen: Erkältung, verdorbenes oder verschmutztes Futter, verschmutztes und von Krankheitserregern infiziertes Wasser (→ Infektionen und Endoparasiten).

Behandlung: Durch Isolierung im Krankenkäfig, Wärme, Vitamine (vor allem B), Diätkost, Kamillentee (verdünnt und lauwarm) und Antibiotika (→ Erkältungen). Verschiedene Bakterien (Salmonellen) und Parasiten (Kokzidien), die Darmerkrankungen hervorrufen, sind äußerst gefährlich, ihre Diagnose ist für den Laien nicht möglich (Tierarzt!).

Infektionen

Vögel können sich mit Bakterien (Salmonellen), Pilzen und Viren infizieren.

Ursachen: Vor allem Salmonellen-verseuchtes Futter und Wasser. Die Erreger können von freilebenden Vögeln, Mäusen, Ratten und Fliegen, aber auch von neu gekauften Vögeln eingeschleppt und auch auf andere Tiere und Menschen übertragen werden. Bei Salmonellen-Verdacht sollte eine Kotprobe von einem Veterinär-Institut oder Tierarzt untersucht werden.

Behandlung: Der infizierte Vogel muß sofort im Krankenkäfig isoliert werden, um den übrigen Bestand zu schützen. Je nach Diagnose verschreibt der Tierarzt Antibiotika oder ein anderes Präparat (bei Viren). Vitamine sind in jedem Fall angebracht.

Endoparasiten

So bezeichnet man im Körper lebende Parasiten, also Kokzidien und andere Protozoen (Einzeller) sowie Würmer (zum Beispiel Filarien).

Ursachen: Einschleppen wie bei Bakterien (→ Infektionen) durch neue Vögel; verseuchter Boden.

Behandlung: Endoparasiten können Ihren gesamten Vogelbestand bedrohen und werden nach genauer Diagnose (durch mikroskopische Kotuntersuchung) mit Sulfonamiden bekämpft. Eine fünftägige Behandlung über das Trinkwasser sollten Sie nach einer dreitägigen Pause wiederholen, um die Plagegeister endgültig zu vernichten. Unsauberer Boden ist zu erneuern – in der Freivoliere spatentief! Gegen Luftsackmilben helfen auch nach Gebrauchsanleitung aufgehängte Mafu-Strips.

Ektoparasiten

Das sind Außenparasiten wie Federlinge, Läuse, Lausfliegen und Milben, die den Vogel nervös machen und zum Federrupfen reizen.

Ursachen: Einschleppung durch befallene neue oder heimische Vögel. Ritzen, Rillen und dunkle Winkel begünstigen Milben. Die häufige Rote Vogelmilbe sitzt meist nur nachts auf den Vögeln, geht aber auch auf Menschen. Wenn Sie den Käfig über Nacht mit einem weißen Tuch abdecken, können Sie darauf morgens kleine dunkle Pünktchen feststellen, die Vogelmilben. Unter den häufigen Federlingen leiden nur schwache Tiere.

Behandlung: Von Ektoparasiten befallene Vögel erhalten eine Halskrause aus Papier und werden mit einem verträglichen Insektizid eingepudert oder bepinselt – auch wenn

Wenn Zebrafinken krank werden

nur die Beine behandelt werden (gegen Grabmilben). Die gesamte Vogelbehausung (auch Stangen und Nester) ist gründlich zu desinfizieren; die Vögel dürfen dabei in keinem Fall in der Voliere oder im Käfig bleiben! Im Zimmer aufgehängte Mafu-Strips verhindern einen Neu-Befall.

Verstopfung
Ursachen: Der Vogel hat zu viel Sand und Grit geschluckt oder sich einseitig von zu harten trockenen Körnern ernäht, wodurch sich die Darmwand überdehnt hat.
Behandlung: Sand, Grit und trockene Saaten für einen Tag entziehen, Keimfutter anbieten, einige Tropfen Paraffin- oder Olivenöl eingeben.

Legenot
Ursachen: Zu junge Weibchen, allgemein schlechte Haltungsbedingungen (Enge, Kälte, Nässe), weichschalige Eier durch Vitamin- und Kalkmangel.
Behandlung: Stärken Sie die Widerstandskraft des Weibchens durch Wärme-Bestrahlung (→ Seite 52) und lassen Sie das Ei von einem versierten Tierarzt entfernen.
Größte Gefahr besteht, wenn infolge Legenot der Eileiter aus der Kloake hängt. Kann der Arzt den Vogel retten, ist dieser von weiteren Brutversuchen auszuschließen.

Leberschäden, Fettsucht
Ursachen: Wie bei Darmerkrankungen verdorbenes Futter oder kalorienreiches, aber vitaminarmes Futter und Bewegungsmangel. Zu viel Fett und (tierisches) Eiweiß beeinträchtigen auch die Entwicklung der Nestlinge körnerfressender Vögel.
Behandlung: Ausgewogene Ernährung (→ Seite 21), viel Bewegung.

Brand (Gangrän)
Ursachen: Verletzungen, Erfrierungen, Verbrennungen, Durchblutungsstörungen (zu enge Ringe).
Behandlung: Die Krankheit kann nur aufgehalten werden mit (Frost-)Salbe oder schließlich durch Amputation des brandigen Abschnitts.

Gelenkentzündungen
Ursachen: Bewegungsmangel, Infektion, falsche Sitzstangen.
Behandlung: Weiche Naturzweige mit unterschiedlichen Durchmessern, viel Bewegung.

Rachitis
Ursachen: Der Jungvogel bekam zu wenig Vitamin D, Kalzium und Phosphor (→ Seite 25).
Behandlung: Die Krankheit läßt sich nur noch aufhalten mit Vitaminen und Mineralstoffen (vor allem Kalk).

Bewegungsstörungen
Solche Störungen können sich in Zucken, Taumeln, Sich-Drehen, Krämpfen und Lähmungen äußern und zeigen eine Erkrankung des Nervensystems an.
Ursachen: Infektionen (Viren), Gifte, Ernährungsmängel (Vitamin B oder E).
Behandlung: Virusbedingte Erkrankungen sind bislang nur selten zu heilen. Mangelerkrankungen lassen sich oft durch ein Futter mit hohem Vitamin-, Eiweiß- und Mineralstoff-Gehalt bekämpfen. Geben Sie zusätzlich ein Vitamin-Präparat und ersparen Sie dem Tier alle Aufregungen.

Blutungen
Ursachen: Verletzungen bei Unfällen, Kämpfen. Für innere Blutungen können

Wenn Zebrafinken krank werden

Aufprall mit dem Kopf, eine Vergiftung oder Vitamin-K-Mangel verantwortlich sein.
Behandlung: Blut stillen mit Clauden-Watte, desinfizieren mit Jod oder Chinosol. Prachtfinken sind sehr empfindlich gegen Blutverlust. Bei Verdacht auf innere Blutungen lassen Sie bitte das Tier völlig in Ruhe (Krankenkäfig).

Knochenbrüche
Ursachen: Toben im Dunkeln oder in ungeeigneten Käfigen, Aufprall (Glasscheibe), Schlagen mit dem Fangnetz, Hängenbleiben (zu langes Nistmaterial).
Behandlung: Beinbrüche behindern auch wilde Zebrafinken erstaunlich wenig. Ober- und Unterschenkelbrüche, Zehen- und Knieverletzungen werden in der Regel nicht behandelt, selbst wenn die Knochen schief zusammenwachsen. Einen abgeknickten Lauf sollten Sie oder der Tierarzt mit einem längs aufgeschlitzten Strohhalm, Wollfaden und Gips (oder Uhu) schienen (2 bis 3 Wochen). Hängt ein Knochenteil nur noch an Haut oder Sehne, ist es besser, ihn zu amputieren. Mit Clauden-Watte Blut stillen und mit Jod desinfizieren.

So halten Sie den Vogel beim Krallenschneiden richtig in der Hand.

Flügelbrüche lassen sich bei Prachtfinken nicht schienen. Sie können aber beide Flügel durch einen Leukoplast-Verband in ihrer natürlichen Lage am Körper fixieren und die Flügelspitzen am Schwanz zusammenbinden (3 bis 4 Wochen). Der Erfolg ist unterschiedlich.

Ausgewachsene Krallen
Ursachen: Zu dünne Stangen, mangelhafte Abnutzung.
Behandlung: Kürzen Sie die Krallen – am besten mit einem Krallenknipser. Halten Sie die Krallen gegen das Licht und achten Sie darauf, daß Sie die im hellen Horn sichtbaren Blutgefäße nicht verletzen.

Übermäßiges Schnabelwachstum
Ursachen: Vitamin- und Mineralstoffmangel und mangelnde Abnutzung.
Behandlung: Feilen Sie das übermäßige Horn vorsichtig mit einer Nagelfeile ab.

Kahle Stellen
Ursachen: Hormonstörungen, Mangelerkrankungen (Vitamin-A-Mangel); Rupfen aufgrund von Bewegungs- und Beschäftigungsmangel (Langeweile, Streß durch zu kleine Käfige), fehlendes Sonnenlicht, mangelnde Luftfeuchtigkeit (→ Seite 15), Kämpfe um ein Nestrevier, Disharmonie eines Paares, vielleicht auch Mangel an bestimmten Stoffen, die der rupfende Vogel in den Federn sucht. Während einer Brut kann auch ein Mangel an Nistmaterial schuld sein. Ursache ist mitunter die Schreckmauser: Wenn Sie den Vogel beispielsweise am Schwanz fassen, könnte er ohne ihn davonfliegen.
Behandlung: Ursachen abstellen.

Zebrafinken verstehen lernen

Der Zebrafink und seine Familie

Der Zebrafink gehört zur Familie der Prachtfinken; diese wiederum zählt mit zahlreichen anderen Familien (Weber, Witwen, Finken) zur großen Ordnung der Sperlingsvögel und zur Unterordnung der Singvögel. Das hervorstechende Merkmal der Prachtfinken ist aber nicht ihr Gesang, sondern ihr prächtiges Federkleid, das diese Vogelzwerge so beliebt macht. Es gibt ungefähr 128 Prachtfinkenarten – so ganz sicher ist sich die Wissenschaft da noch nicht. Sie lassen sich noch einmal unterteilen in die dünnschnäbeligen Astrilde, die in Afrika leben, und die dickschnäbeligen Amadinen, die in Australien, Südasien und auch Afrika beheimatet sind.

Der australische Zebrafink ist also eine Amadine (kein Fink!); sein wissenschaftlicher (lateinischer) Name lautet: *Taeniopygia guttata castanotis;* das erste Wort ist der Gattungsname, das zweite bezeichnet die (in diesem Fall einzige) Art innerhalb der Gattung, und der letzte Begriff gibt die Rasse an. Auf den Kleinen Sunda-Inseln nördlich von Australien lebt noch eine zweite Rasse, der Timor-Zebrafink. Da er zuerst entdeckt wurde, erhielt er als »Nominatrasse« den Namen »*Taeniopygia guttata guttata*«.

In einigen Ländern wird der Zebrafink teilweise in die Gattung »Poephila« eingeordnet. In deutschen und englischsprachigen Züchterkreisen hat sich für Zebrafinken (zebra finches) auch die Kurzform »Zebras« (zebras) eingebürgert.

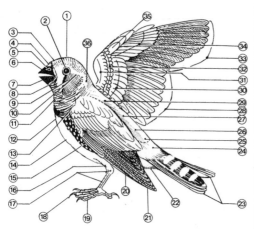

Was ist wo an einem Prachtfinken? Die Kenntnis der einzelnen Körperteile und Federpartien ist Ihnen vor allem beim Gespräch mit dem Tierarzt von Nutzen.

1 Scheitel, 2 Auge, 3 Stirn, 4 Schnabelwurzel, 5 Nasenlöcher, 6 Oberschnabel, 7 Unterschnabel, 8 Kinn, 9 Wange, Kopfseite, 10 Ohrgegend, 11 Kehle, 12 Brust, 13 Schulter, 14 Bauch, 15 Flanke, 16 Unterschenkel, 17 Laufgelenk (oben), Lauf (unten), 18 Krallen, 19 Zehen, 20 Kloake, 21 Handschwingen, 22 Unterschwanzdecken, 23 Schwanz, Steuerfedern, 24 Oberschwanzdecken, 25 Bürzel, 26 Hinterrükken, 27 Rücken, 28 Armschwingen, 29 Vorderrükken, 30 Große Armdekken, 31 Flügelranddecken, 32 mittlere und kleinere Flügeldecken, 33 Handschwingen, 34 Große Handdecken, 35 Daumenfittich, 36 Nacken.

Die Anatomie des Zebrafinken

Vögel sind Wirbeltiere, die sich vor langer Zeit aus Reptilien entwickelten. Von allen anderen Tierklassen unterscheiden sie sich durch ihr Federkleid, das fast den ganzen Körper bedeckt. Die Vordergliedmaßen haben sich zu Flügeln entwickelt.

Das Gefieder

Die Gestalt und Farbe eines Vogels bestimmen seine Konturfedern: Die Schwungfedern und die Steuerfedern des Schwanzes (Großgefieder) ermöglichen ihm das Fliegen

Zebrafinken verstehen lernen

und Manövrieren; die Deckfedern (Kleingefieder) geben ihm die dazu nötige Stromlinienform.

Noch vor den Konturfedern wachsen einem Nestling Dunenfedern, die den Vogelkörper vor Kälte schützen. Äußere Temperaturschwankungen kann ein Vogel auch aktiv ausgleichen, indem er sich aufplustert und so seine Wärme-Isolierung verstärkt. Da er seine Körpertemperatur konstant auf ungefähr 40° C hält, ist er – anders als die wechselwarmen Reptilien – ein Warmblüter. Im Gegensatz zu unseren heimischen Singvögeln können sich Prachtfinken allerdings niedrigen Temperaturen nur sehr begrenzt anpassen.

Die Fahnen einer Feder bestehen aus vielen Federästen und untereinander verhakten Federstrahlen.

Ausgewachsene Federn bestehen aus totem Horn; sie sind daher zwar sehr widerstandsfähig, nutzen sich aber dennoch durch ständige Beanspruchung ab. Vögel ersetzen deshalb regelmäßig ihr Gefieder, sie »mausern«. Sie werden also immer wieder auf dem Käfigboden und Teppich Zebrafinken-Federn finden – vor allem dann, wenn Jungtiere gerade erwachsen werden.

Für einen Zebrafinken-Züchter sind natürlich die Farben des Gefieders am wichtigsten. Sie entstehen durch Einlagerung von Farbpigmenten in die Federn. Chemisch gesehen handelt es sich beim Zebrafinken um zwei Arten des Farbstoffs Melanin: das schwarze Eumelanin (meist in den Federstrahlen) und das rotbraune Phäomelanin (meist in den Federästen).

Hochkonzentriertes Eumelanin bewirkt die schwarze Gefiederzeichnung, reines Phäomelanin färbt beim Zebrafinken Wangen und Flanken. Beide Melanin-Typen können auch verdünnt oder vermischt auftreten und ergeben dann wieder neue Farben. Die vielen bisher gezüchteten Farbschläge beruhen meist darauf, daß Melanin verdünnt oder gar nicht mehr ins Gefieder eingelagert wird; es kann aber auch verstärkt, in einer anderen chemischen Form oder in einem neuen Pigmentmuster eingelagert werden.

Schnabel und Gliedmaßen

Lipochrome (Fettfarben) erzeugen beim Zebrafinken das Rot des Schnabels, der Beine und der leuchtend roten Iris des Wildvogels. Domestizierte Zebrafinken haben häufig nur noch einheitlich dunkle Augen. Der rote Schnabel ist beim Hahn deutlich dunkler als bei der Henne. Der Schnabel eines Vogels ist Freß- und Greifwerkzeug sowie Waffe und muß vor allem an seine Nahrung gut angepaßt sein. Da der Zebrafink sich vor allem von Grassämereien ernährt, hat sein Oberschnabel zum Festhalten der Körner eine (in Längs- und Seitenrichtung) gewölbte Innenfläche und zum Aufschneiden der Körner eine scharfkantige Mittelleiste, die nach hinten mit einigen Nebenleisten in einem Gaumenhöcker endet. Beim Enthülsen liegt das Korn im Unterschnabel,

Zebrafinken verstehen lernen

der sich schnell vor und zurück bewegt und dabei jedes einzelne Korn über die Mittelleiste rollt, bis beide Schalenhälften abfallen. Da Vögel keine Schweißdrüsen besitzen, öffnen sie bei Überhitzung den Schnabel und hecheln. Die im Rachenraum verdunstende Feuchtigkeit verschafft ihnen Kühlung.

Wissen Sie, wo ein Vogel sein Knie hat? Das nach hinten zeigende Gelenk ihres Zebrafinken ist nicht etwa ein falsch gebogenes Knie, sondern sein Laufgelenk, das der menschlichen Ferse entspricht. Er geht (hüpft) also nicht auf den Läufen (Füßen), sondern nur auf den Zehen. Das Knie zwischen Unter- und Oberschenkel liegt ganz nah am Körper und ist vom Flankengefieder verdeckt.

Körper- und Sinnesorgane

Etwas Besonderes hat sich die Natur bei der Vogellunge einfallen lassen: die Äste der Bronchien enden in ihr nicht blind, sondern leiten die Luft weiter in »Luftsäcke«, die sich sogar in Knochen einstülpen und das Gewicht des Vogels verringern. Wenn die Luft beim Ausatmen aus den Luftsäcken kommt, fließt sie ein zweites Mal durch die Lunge und wird so doppelt genutzt.

Die Nieren eines Zebrafinken halten nahezu alles Wasser zurück (der Kot ist deshalb sehr trocken), so daß diese Vögel hervorragend an Trockengebiete angepaßt sind. Am unteren Rücken befindet sich die Bürzeldrüse, deren fettiges Sekret sich Vögel ins Gefieder reiben, um es geschmeidig und wasserabweisend zu halten.

Die meisten Vögel können ausgezeichnet sehen und hören, der Geschmackssinn ist gut, der Geruchssinn weniger gut entwickelt. Anders als Menschen sehen Zebrafinken nicht räumlich, weil immer nur eines der an den Kopfseiten liegenden Augen einen Gegenstand erblicken kann; dafür ist ihr Gesichtskreis sehr weit. Die Augenlider schließen sich von unten nach oben.

Lebensraum und Verbreitung

Von allen Prachtfinken ist der Zebrafink in Australien am weitesten verbreitet; bis auf einige Küstenbereiche besiedelt er den gesamten Kontinent.

Vier Umweltfaktoren bestimmen die Verbreitung des Zebrafinken: Temperatur und Regen sowie (innerhalb seines Verbreitungsgebietes) Wasserstellen und Vegetation. Der Zebrafink kann nicht nur sehr hohe Temperaturen aushalten, sondern für einen Prachtfinken auch erstaunlich niedrige; erst unterhalb von 6° C ist es ihm zu kalt. (Zum Brüten braucht er mindestens 12° C.) Für die Aufzucht seiner Jungen muß er vor allem halbreife Sämereien finden, das setzt Regenfälle voraus, die die Gräser wachsen lassen. Andererseits kann er sich als Bewohner trockener Landschaften nicht an hohe Luftfeuchtigkeit und ständige Nässe anpassen.

Da der Regen sehr unregelmäßig fällt, sind Zebrafinken mit ihrer Brut nicht an bestimmte Jahreszeiten gebunden, sondern müssen sofort damit beginnen, wenn bei ausreichender Wärme die ersten (oder auch letzten) Schauer einer Regenzeit niedergehen. Sie sind deshalb das ganze Jahr über paarungsbereit und haben nicht viel Zeit fürs Brutgeschäft.

Durch die Anpassung des Zebrafinken an das Klima der australischen Steppen erklärt sich aber nicht nur seine Verbreitung, sondern auch deren Grenzen. Entlang der kühlen Südküste ist es ihm entweder zu kalt,

Zebrafinken verstehen lernen

oder der nötige Regen fällt ausgerechnet im Winter, so daß im warmen Sommer wenig wächst (Adelaide). Im äußersten Nordosten (Kap York-Halbinsel) hingegen ist es zwar sehr warm, aber zu feucht, und es regnet zu viel und zu lange.

Im übrigen Australien sind Zebrafinken in der Nähe von Wasserstellen zu finden, die sie zum Baden und Trinken mehrmals täglich besuchen, obwohl sie im Notfall sogar einige Wochen ohne Wasser auskommen können. Sie besiedeln nur offene Steppenlandschaften mit vereinzelten Busch- und Baumgruppen, nicht aber die geschlossenen Wälder Ost-Australiens.

In dichter besiedelten Gebieten sind sie zu Kulturfolgern geworden. Ihren Lebensraum konnten sie erweitern, nachdem der Mensch in Trockengebieten künstliche Wasserstellen anlegte und große Waldgebiete abholzte, um Weide- und Ackerland zu gewinnen.

Verhaltensweisen des Zebrafinken

Zebrafinken sind äußerst gesellige Vögel, die man in ihrer Heimat nie einzeln antrifft, sondern immer zu mehreren Paaren. Der engste Kontakt besteht zwischen Hahn und Henne: zusammen fliegen sie zum Fressen, Trinken und Baden, pflegen gemeinsam ihr Gefieder und ruhen und übernachten eng aneinandergeschmiegt. Nur während des Brütens sind sie getrennt. Jungvögel sitzen meist eng zusammen in langen Ketten. Dagegen pflegen erwachsene Weibchen untereinander nur selten Körperkontakt und ausgefärbte Männchen nie.

Das Leben in Schwarm und Kolonie

Auf der Suche nach Wasser und Futter schließen sich Zebrafinken in Dürrezeiten oft zu riesigen Schwärmen zusammen; unter günstigen Bedingungen aber leben sie das ganze Jahr in mittelgroßen Schwärmen von 50 bis 100 Vögeln und sind sehr ortstreu. Ein solcher Schwarm kann sich aus mehreren kleineren Verbänden zusammensetzen, deren Mitglieder sich zum größten Teil persönlich kennen und abseits vom ständigen Aufenthaltsort des Schwarms eine Brutkolonie unterhalten. Hier haben Zebrafinken ihre Schlafnester und die Paare zusätzlich ihre Brutnester. Diese findet man selten eng beieinander – wenn genügend Bäume oder Sträucher vorhanden sind, hat jedes Paar einen für sich.

Jeder Schwarm besteht außerdem aus kleinen Gruppen von mindestens drei Paaren, die oft in der gleichen Kolonie in guter Nachbarschaft zusammen nisten.

Sobald es hell wird, kommen Zebrafinken aus ihren Nestern, sammeln sich und fliegen zum Treffpunkt des Schwarms, der mehrere tausend Meter entfernt sein kann. Von dort begeben sie sich dann alle gemeinsam auf Nahrungssuche. Im Laufe des Tages kehren sie immer wieder in ihre Kolonien zurück, um zu brüten oder Junge zu füttern. Zwei Stunden vor Sonnenuntergang ist noch einmal große Schwarmstunde, bevor die Gruppen wieder in ihre Kolonien abfliegen, um ihre Nester aufzusuchen.

Gefiederpflege

Zebrafinkenpärchen putzen sich nicht nur gleichzeitig, sondern auch gegenseitig. Da sie sich an Kopf, Nacken und Kehle nur kratzen, nicht aber putzen können, bieten sie diese Gefiederpartien ihrem Partner an,

Zebrafinken im natürlichen Lebensraum. Oben links: Zebrafinkenmännchen begutachtet eine Nisthöhle; oben rechts: Zwei Pärchen eines Schwarms; unten: Zebrafink an einem Gewässer beim Saugtrinken.

der die Aufforderung sofort versteht. Minutenlang kann man ihn nun beim Kraulen beobachten, während der Gekraulte diese Behandlung genießt. Nur wenn der Partner zu heftig oder an der falschen Seite krault, wird er unterbrochen und zurechtgewiesen. Während des Putzens kratzen sich Zebrafinken immer wieder blitzschnell mit den Zehen; dazu neigen sie sich etwas zur Seite, um mit einem Bein das Gleichgewicht zu halten, führen nun das andere Bein hinter dem leicht abgespreizten Flügel (zwischen Schwungfedern und Körper) nach oben und schlagen ein paarmal mit den Krallen.

Um sich am Kopf zu kratzen, führt der Zebrafink das Bein hinter dem Flügel nach oben.

Die häufige Gefiederpflege (→ Seite 35) ist für ein intaktes Federkleid unerläßlich und damit lebensnotwendig. Auch das Baden dient diesem Zweck. Wenn die Vögel mit der Brust ins Wasser tauchen und mit dem Hinterleib vibrieren, spritzt das Wasser über den Rücken nach vorn. Anschließend sitzen sie auf einem Ast, schütteln ihr Gefieder und ordnen es.

Nahrungsaufnahme

Zum Trinken haben Zebrafinken – ebenso wie einige andere Prachtfinken in Trockenzonen – eine besonders schnelle und effektive Methode entwickelt: sie heben nicht wie die meisten Kleinvögel dauernd den Kopf, damit Schluck für Schluck in die Kehle rinnt, sondern saugen das Wasser ein. Die wichtigste Tagesbeschäftigung eines Zebrafinken ist die Futtersuche. Er ernährt sich vor allem von Gräsern, aber auch von Samen zweikeimblättriger Pflanzen. Einzelne Grassamen liest er ebenso wie Quarzpartikel, Holzkohle und auch Salzkörner am Boden auf. Aus Ähren werden die Körner wie aus Kolbenhirsen herausgepickt oder -gerissen. Kann der Vogel eine Ähre durch Hochrecken nicht erreichen, springt er nach jedem einzelnen Korn. Insekten (Ameisen, Termiten, Fliegen) kann er auch in kurzem, wendigem Flatterflug erbeuten.

Angstverhalten

Man kann einem Zebrafinken ansehen, ob er ängstlich, erregt oder unsicher ist oder sich wohl fühlt. Wird ein Vogel von einem ungewohnten Geräusch oder einer Bewegung in seiner Nähe alarmiert, von Artgenossen oder möglichen Feinden bedrängt, so macht er sich augenblicklich ganz dünn und guckt ängstlich um sich. Ist ein Zebrafink einem angreifenden Artgenossen unterlegen, »ergibt« er sich gelegentlich, indem er die Bettelstellung der Jungen einnimmt (→ Seite 68). Oft weiß er nicht gleich, wohin er fliegen soll; dann schlägt er aufgeregt den Schwanz hin und her und zuckt mit den Flü-

geln. Dieses Verhalten drückt seine Flug-Absicht aus und verrät Unschlüssigkeit und Unsicherheit. Ein zufriedener Vogel sitzt gemütlich auf der Stange oder schüttelt zur Entspannung sein Gefieder.

Aggressives Verhalten

Gerade ihr geselliges Wesen macht die Zebrafinken so liebenswert; doch gibt es auch unter geselligen Artgenossen immer wieder Streit. Werden einem Zebrafinken Nahrung, Sitz- oder Nistplatz, Nest, Nistmaterial oder auch Weibchen streitig gemacht, reagiert er aggressiv, um sich durchzusetzen.

Die schwächste Form der Aggression, die ich oft beobachtet habe, besteht nur in einem Vorstrecken des Halses, so daß der geschlossene Schnabel bei geducktem Kopf stumm auf den Gegner zeigt. Hat dieser aber sich nicht nur zufällig in den Nestbereich »verirrt«, wird es zu einem kurzen Schnabelgefecht kommen, das die »rechtmäßigen« Verhältnisse wieder herstellt. Erblickt der Nestbesitzer den Eindringling aus der Ferne, kann er ihn auch anfliegen und einfach vom Ast stoßen. Dabei können Sie einen deutlichen Wutschrei vernehmen.

In engen Käfigen kämpfen Zebrafinken oft verzweifelt um dasselbe Nestrevier – selbst wenn darin zwei Nester nebeneinander hängen. Jeder fühlt sich dann im Recht. Dabei kann es vorkommen, daß der Unterlegene im Nackengefieder gepackt wird und danach wie tot zu Boden plumpst, von wo er dann nicht mehr gefahrlos auffliegen kann. In der Natur und in großen Volieren sind solche Kämpfe selten.

Laute und Rufe

Zebrafinken verfügen über eine ganze Reihe von Lauten und Rufen:

Stimmfühlungslaut: Dieser kurze und leise Ton ist fast ständig zu hören und bildet die jedem Zebrafinkenhalter vertraute Geräuschkulisse. Er dient dem Zusammenhalt eines Paares oder einer Gruppe, wird aber nicht beantwortet.

Wird dieser Laut schnell, abgehackt und besonders laut ausgestoßen, warnt er Artgenossen vor einer drohenden Gefahr (→ Seite 42).

Lockruf: Er ist langgezogen und viel lauter als der Stimmfühlungslaut und übernimmt dessen Aufgabe, wenn sich die Vögel aus den Augen verloren haben. Mit einem besonders hohen Lockruf können Artgenossen auch gewarnt werden.

Ihren Balzgesang tragen Zebrafinkenmännchen das ganze Jahr über vor, auch wenn kein Weibchen anwesend ist.

Nestlockruf: Ein langgezogenes, leises Wimmern, wenn ein Paar einen Nistplatz inspiziert (→ Seite 39).

Paarungslaut: Eine leise »zitternde« Rufreihe, die beide Partner während der Kopulation von sich geben.

Wutlaut: Ein unterschiedlich lauter Schrei, den Zebrafinken vor einem Angriff ausstoßen. Wenn Sie ihn unter mehreren Paaren oft hören, ist Ihre Voliere bestimmt zu klein (→ Seite 65).

Zebrafinken verstehen lernen

Angstschrei: Ein lauter heller Schrei, den ich nur sehr selten und nur bei jungen Vögeln gehört habe, die mit der Hand gefangen oder von älteren Zebrafinken im Nacken gegriffen wurden (→ Aggressives Verhalten, Seite 65).

Gesang des Hahnes: Er besteht aus zwei Teilen, und zwar aus kurzen, schnellen Schnattertönen und einem lauten Triller. Während der Balz dient er der Stimulation des Weibchens, niemals aber der Reviermarkierung (→ Paarbildung und Balz, Seite 66). Bei großer geschlechtlicher Erregung wird er von lauten Lockrufen unterbrochen.

Da der Balzgesang das ganze Jahr über vorgetragen wird (auch ohne Weibchen), zeigt er die ständige Paarungsbereitschaft dieser Vogelart an.

Wie sich Zebrafinken erkennen

Damit sich Tiere behaupten und vermehren können, müssen sie sowohl ihre Artgenossen als auch mögliche Geschlechtspartner erkennen können. Beim Zebrafinken geschieht das vorwiegend optisch. Einen Artgenossen erkennt er sofort an der roten Schnabelfarbe und der typischen schwarz-weiß-schwarzen Gesichtszeichnung. Am Kopf sind Artmerkmale besonders wirkungsvoll und ermöglichen sogar das Erkennen in der halbdunklen Nisthöhle.

Von Menschen gezüchtete weiße Zebrafinken haben keine Gesichtszeichnung mehr und geben deshalb weißen Zuchtformen anderer Prachtfinken den Vorzug vor normal gefärbten Artgenossen. Den Partner erkennen weiße Zebrafinken zunächst nur am Rot des Schnabels, das beim Weibchen heller ist, später auch an der Stimme.

Bei wilden Zebrafinken erkennen sich die Geschlechter am (vorhandenen oder fehlenden) Prachtkleid der Männchen. Am meisten reagiert ein Weibchen auf die orangen Wangenflecke des Hahns; dieses auffällige Signal ist bedeutend stärker als die Brust- und Flankenzeichnung, die aber schon ausreichen würden, um das Balzverhalten der Henne auszulösen. Die Wirkung der braunen Flanke wird übrigens noch durch die weißen Punkte gesteigert. In erster Linie ist das Prachtkleid aber ein Achtungssignal für andere Männchen; deshalb halten wilde Hähne immer Abstand voneinander, weiße Hähne dagegen nicht.

Junge Zebrafinken werden am Tränenstrich sofort als Artgenossen erkannt; der schwarze Schnabel aber kennzeichnet sie als Junge und schützt sie so vor dem Aggressions- und Sexualtrieb der Erwachsenen. Eine Ausnahme bilden kleine weiße Zebrafinken, die schon wenige Tage nach dem Ausfliegen einen hellroten Schnabel bekommen.

Ihren Partner und ihre Jungen erkennen Zebrafinken an der Stimme. Paare, die schon zusammen gebrütet haben, erkennen sich auch nach mehrmonatiger Trennung sofort wieder und geben inzwischen eingegangene Bindungen augenblicklich wieder auf. Zebrafinken leben also in Dauerehe.

Paarbildung und Balz

Junge geschlechtsreife Zebrafinken lernen sich in den schon erwähnten Schwärmen kennen. Meist leitet der Hahn die Paarbildung ein, indem er die Henne ansingt und um sie herumhüpft und -fliegt. Wenn sie ihn mag, begrüßt sie ihn mit den gleichen Balz-

Zebrafinken verstehen lernen

gesten. Eine richtige Balz findet aber erst später statt – zuerst müssen sich die beiden ja aneinander gewöhnen (→ Seite 38).
Eine vollständige Balz läuft in einer festen fünfteiligen Reaktionskette ab: Der Hahn beginnt mit dem Begrüßungsanflug und Balzgesang (siehe oben), wobei er seine bunten Gefiederpartien abspreizt und der Partnerin die Schwanzfedern zudreht; damit löst er bei der Henne eine lebhafte Begrüßung mit Verbeugungen und Schwanzdrehen aus, womit diese ihrerseits wiederum den Balztanz des Hahns auslöst. Der Hahn hüpft nun näher und dreht sich bei jedem Sprung um 180 Grad, bis er singend bei der Henne ankommt, die ihn dann durch Ducken und senkrechtes Schwanzzittern zur Begattung auffordert. Nach der Paarung zittert der Hahn manchmal seinerseits mit dem Schwanz.

Mit senkrecht vibrierendem Schwanz fordert die Henne den Hahn zur Paarung auf.

Ohne dieses feste Schema ist eine erfolgreiche Balz nicht möglich, junge Hähne brauchen einige Zeit, bis sie sich damit zurechtfinden. Für ihre Balz suchen Zebrafinken immer spezielle Balzbäume mit günstig angeordneten Ästen auf.

Gegenüber diesem Normalverhalten weisen weiße Zebrafinken schwere Verhaltensstörungen auf. Bei seiner Annäherung unterdrückt ein normaler Hahn den Fluchttrieb der Henne zuerst durch sein buntes Prachtkleid. Bei weißen Zebrafinken aber flieht eine Henne sofort vor einem balzenden Männchen und regt dadurch dessen Aggressionstrieb an, so daß er das Weibchen entweder verjagt oder vergewaltigt.
Der Grund für dieses nicht artgemäße Verhalten ist aber nicht unmittelbar das fehlende Prachtkleid, sondern eine frühkindliche Prägung (→ Seite 43) auf Weiß durch das Vorbild der weißen Eltern und Geschwister. So kommt es, daß von weißen Eltern aufgezogene weiße Hennen bunte Hähne nicht einmal mehr als Artgenossen erkennen und vor ihnen fliehen, während sie weiße Hähne schließlich doch persönlich kennen und schätzen lernen. Weiße Hähne balzen weiße Hennen an, während sie gleichzeitig paarungswillige graue verjagen oder sogar angreifen, was graugeprägte Männchen niemals tun. Diese können aber weiße Hähne anbalzen, weil sie sie für Hennen halten.

Brut und Aufzucht

Als Nistplatz wählt das Männchen eine Astgabel, ein altes Nest (als Plattform), das bisherige Schlafnest oder eine natürliche Höhle, und zwar je nach Angebot in Bäumen, Sträuchern, Häusern oder sogar im Unterbau von Greifvogel-Horsten und in Kaninchenbauten.
Ein typisches überdachtes Grasnest besteht aus rund 400 Halmen, hat einen Durchmesser von 12 bis 20 cm und zusätzlich eine Eingangsröhre. Innen ist das Material kürzer

Zebrafinken verstehen lernen

Nesträuber, wie dieser Waran, sind die gefährlichsten Feinde der Zebrafinken.

und weicher als außen. Zur Auspolsterung werden gerne weiße Federn eingetragen. Die gesamte Bauzeit beträgt mindestens eine Woche.
Die Henne legt normalerweise vier bis sechs Eier, die rund 15 mm lang sind und meist vom dritten Tag an ständig von beiden Partnern abwechselnd bebrütet werden.
Die ersten Jungvögel schlüpfen in Freiheit je nach Witterung nach 12,5 bis 16 Tagen innerhalb von 36 Stunden. Sie sind zunächst fleischfarben, haben einige weiße Flaumfedern und einen hornfarbenen Schnabel.
Körper und Schnabel färben sich in den nächsten Tagen schwarz. Am 7. Tag brechen die Handschwingen durch, am 10. die Schwanzfedern und ein bis zwei Tage später das Kleingefieder. Am 12. Tag werden auch die Fahnen der Handschwingen sichtbar. Bis zum Ausfliegen sind die Kleinen völlig befiedert.
Zebrafinken-Babies besitzen eine für Prachtfinken typische Punktzeichnung auf dem hellen Innenschnabel und der Zunge, mit der sie das Füttern ihrer Eltern auslösen. Zunächst heben sie zum Betteln einfach den Kopf, später nehmen sie ihre typische Bettelstellung mit umgelegtem Hals ein, wie man sie auch außerhalb des Nestes beobachtet. (→ Zeichnung Seite 42).
Nach frühestens 22 Tagen verlassen Zebrafinken erstmals das Nest. In den ersten Tagen werden sie aber noch im Nest gefüttert, wohin die Eltern sie immer wieder zurücklocken; dieses Verhalten nennt man »Nestleite«. In dieser Zeit lernen sich Eltern und Junge an der Stimme persönlich kennen. Sobald die Kleinen selber die ersten Körner suchen und enthülsen, kommen sie in der

Zebrafinken verstehen lernen

ganzen Brutkolonie herum; dort lernen sie andere Jungvogelgruppen kennen, mit denen sie nun zusammenhalten, da sich die Eltern stundenweise im Schwarm aufhalten. Abends aber finden sich die Jungen wieder in ihrem Nest ein, meist zusammen mit den Altvögeln.

In der sechsten Lebenswoche beginnt sich der schwarze Schnabel umzufärben, nach etwa vierzehn Tagen ist er rot, und die Jugendmauser beginnt, die im Alter von rund drei Monaten abgeschlossen ist. Die Weibchen sind dann schon erwachsen, die Männchen zwei Wochen später; dadurch sind Geschwisterehen ausgeschlossen, denn die jungen paarungsbereiten Weibchen finden in der Natur sehr schnell ein geschlechtsreifes älteres Männchen. Die frühe Geschlechtsreife ist eine Anpassung an die unterschiedlichen Brutzeiten vor und nach einer Regenzeit und gleicht die Verluste durch Unwetter, Raubvögel und Nesträuber wie Eidechsen, Schlangen und Honigfresser (Vogelart) aus.

Domestikationsfolgen

Der Zebrafink ist in unserem Jahrhundert zu einem Heimtier geworden. Da er sich leicht vermehren läßt, wurden schon früh keine Wildvögel mehr aus Australien importiert. Außerdem hat dieses Land 1960 jegliche Ausfuhr einheimischer Tiere verboten. Während dieser Isolation von ihren wilden Verwandten kam es bald zu Unterschieden in Aussehen und Verhalten. Am augenfälligsten sind natürlich die vielen gezüchteten Farbschläge sowie Größenunterschiede zwischen diesen und der Wildform. Weniger auffällig sind Verhaltensänderungen, von denen Sie einige schon kennen:

- eine kürzere Nestbau- und Brutzeit
- eine schnellere Entwicklung (Ausfärben, Reifung) der Jungen
- eine schnellere Brutfolge
- Verhaltensstörungen der weißen Zebrafinken (→ Seite 67).

Weitere Degenerationsmerkmale sind:

- ein gesteigerter Geschlechtstrieb, der gerade in engen Käfigen mit einem Verkümmern der Balz (→ Seite 44) einhergeht. Es wird zwar viel gebalzt, aber nicht mehr vollständig.
- die Neigung einiger Hähne, andere Hähne und sogar andere Prachtfinkenarten anzubalzen.
- ein gesteigerter Nestbautrieb, der den Brutablauf gefährden kann.
- unregelmäßiges Brüten und Füttern der Nestlinge
- ein gesteigerter Kontakttrieb, der die regelmäßige Brutablösung gefährden und die natürliche Distanz zwischen Hähnen verringern kann (→ Seite 66).
- die Unfähigkeit, artfremde Nestlinge aufgrund ihrer Rachenzeichnung von den eigenen Jungen zu unterscheiden. Zebrafinken werden deshalb auch als »Ammen« benutzt, um andere Prachtfinken großzuziehen. Diese sind dann aber für die Weiterzucht oft unbrauchbar (→ Seite 43).

Solche Domestikationserscheinungen kommen bei Farbschlägen häufiger vor als bei grauen Zebrafinken. Ihre wichtigste Ursache ist sicher die unnatürliche sprich menschliche Auslese. Ich plädiere deshalb dafür, den Zebrafinken in seinem natürlichen Aussehen und Verhalten zu erhalten.

Literatur

Literatur zum Thema

Immelmann, K.: *Der Zebrafink*. Ziemsen-Verlag, Wittenberg.

Immelmann, K.: *Versuch einer ökologischen Verbreitungsanalyse beim australischen Zebrafinken*, Taeniopygia guttata castanotis (Gould). Journal für Ornithologie, Band 106 (4), 1965.

Immelmann, K.: *Experimentelle Untersuchungen über die biologische Bedeutung artspezifischer Merkmale beim Zebrafinken*. Taeniopygia castanotis (Gould). Zoologische Jahrbücher, Band 86, Heft 6 (1959), Fischer-Verlag, Jena.

Immelmann, K.: *Beiträge zu einer vergleichenden Biologie australischer Prachtfinken (Spermestidae)*. Zoologische Jahrbücher, Band 90, 1962. Seite 1–196.

Immelmann, K.: *Zur ontogenetischen Gesangsentwicklung bei Prachtfinken*. Verhandlungen der deutschen Zoologischen Gesellschaft in Göttingen, 30. Supplementband, 1966, Seite 320–332.

Bücher und Schriften, die weiterhelfen

Delpy, K.-H.: *Volieren für Garten, Hof und Innenraum*. Philler-Verlag, Minden.

Ebert, U.: *Vogelkrankheiten*. Verlag M. & H. Schaper, Hannover.

Immelmann, K.: *Die Vogelwelt Australiens*. Ulmer-Verlag, Stuttgart.

Jödicke, R.: *Prachtfinken-Züchtung. Domestizierung, Vererbung und Farbschläge bei Zebrafink, Japanischem Mövchen und Reisfink*. Ulmer-Verlag, Stuttgart.

Koepff, C.: *Prachtfinken*. Gräfe und Unzer Verlag, München.

Klören, H.: *Zebrafinken*. Müller-Verlag, Walsrode.

Kronberger, H.: *Haltung von Vögeln – Krankheiten der Vögel*. VEB Gustav-Fischer, Jena.

Robiller, F.: *Prachtfinken. Vögel von drei Kontinenten*. VEB Deutscher Landwirtschaftsverlag, DDR-Berlin.

Robiller, F.: *Käfig und Volieren in Haus und Garten*. VEB Deutscher Landwirtschaftsverlag, DDR-Berlin.

Sabel, K.: *Naturgemäße Finkenzucht. Sämereien und Wildfutterpflanzen für europäische und außereuropäische Körnerfresser*. Joko-Verlag. Bassum.

Schnabl, H.: *Wild-, Kulturpflanzen, Futtermischungen und animalische Futterstoffe zur Vogelernährung*. Ornibook-Verlag, Köln.

Zeitschriften

Die Voliere; die spezielle Zeitschrift für Vogelzüchter, Halter und Liebhaber. Verlag M. & H. Schaper, Postfach 205, 3220 Alfeld (Leine).

Die Gefiederte Welt. Eugen Ulmer-Verlag, Postfach 70 05 61, 7000 Stuttgart 70.

Adressen, die weiterhelfen

Vereine

Gut informiert werden die Mitglieder eines der beiden überregionalen Vereine, die regelmäßig Rundbriefe herausgeben:

Die »Deutsche Zebrafinken Interessengemeinschaft AZ/DKB« ist aus der »Austauschzentrale der Vogelliebhaber und -züchter Deutschlands« und dem »Deutschen Kanarienzüchter-Bund« hervorgegangen.

Kontaktadresse: Bruno Hartwig, F. W. Leede-Weg 7, 2841 Wagenfeld.

Die »Estrilda« ist eine Interessengemeinschaft für Haltung und Zucht exotischer Kleinvögel.

Geschäftsstelle: G. Kühn, Südring 47, 6453 Seligenstadt.

Fragen zur Tierhaltung beantwortet:

Zentralverband Zoologischer Fachbetriebe Deutschlands e. V., Postfach 14 20, Rheinstraße 35, 6020 Langen 1, Telefon (0 61 03) 2 30 95.

Sachregister

Halbfett gesetzte Seitenzahlen verweisen auf Farbfotos.

aggressives Verhalten 65
Alter 6
Amadinen 36
Anatomie 58
Angstschrei 66
Angstverhalten 62
Anschaffung 6
Antibiotika 53
Astrilden 36
Aufzucht 41, 67
-futter 25, 41
Ausfärben 43
ausgewachsene Krallen 57
Außenvoliere 13
Australische Zebrafinken
　44, 58, 59

baden 62
Badewasser 29
Balz 67
-gesang 66, 67
Behandlungsmaßnahmen 51
Beleuchtung 15, 16
–, Zusatz- 16, 52
Beringung 41
Bettelstellung 68
Bewegungsstörungen 56
Blutung 56
Brand 56
Brut 40, 67
-boxen 10
-nest 19

Darmerkrankungen 55
Domestikationsfolgen 69

Eckvoliere 12
Eiablage
Eingewöhnung 30
Ektoparasiten 55
Endoparasiten 55
Erbschäden 47
Erkältung 53

Fangen 34
Farbschlag 44, 47, 49
Farbzucht 47
Federlinge 55
Federrupfen 44
Fettsucht 56
Fluchtdistanz 5, 32
Flugboxen 10
Fußring 41

Futter 21
–, Aufzucht- 25, 41
-gefäße 20
–, Grün- 23, 24, 25
–, Keim- 23
–, Körner- 21, 22
-pflanzen 23, 24
spender 20
–, Weich- 25
Fütterung 21

Gangrän 56
Gefahren 32
-katalog 33
-quellen 33
Gefieder 8, 58, 59, 68
-färbung 43, 59
-pflege 35, 61, 62
Gelenkentzündung 56
Gemeinschaftshaltung 36,
　37
Genetik 48, 49
Geruchssinn 60
Gesang 43, 66
–, Balz- 66, 67
Geschlechtsbestimmung 7
Geschlechtsreife 69
Geschmackssinn 60
Gitter 9, 13, 14
-abstand 9
Glanz 22
Großvoliere 11
Grünfutter 23, 24, 25

Hafer 22
Haltung 30
– im Freien 13, 15
–, Gemeinschafts- 36, 37
Heimtransport 30
Hirse 21, 22
–, Kolben- 22
-sorten 21, 22
Holzkäfig 10
Holzschutzmittel 14

Infektionen 55
Infrarotlampe 52

Jugendmauser 43, 69
Jungenaufzucht 41, 67
Junge Zebrafinken 41, 42,
　43, 66, 67

Käfig 9, 10
-größe 9, 10
–, Holz- 10
–, Kisten- 10
–, Metall- 10
-schubladen 9, 10, 14
Kahle Stellen 57
Kalzium 25
Kanarienvogel 5, 6, 36
Katalog 33, 54
–, Gefahren- 33
– der Krankheits-
　symptome 54
Kauf 6, 7, 9
–, Käfig- 9
–, Volieren- 9
–, Zebrafinken- 6, 7
Keimapparat 23
Keimfutter 23
–, Herstellung von 23
Kistenkäfig 10
–, Selbstbau 14
Kleinvolieren 9, 11
–, selbstgebaute 14
–, zerlegbare 11
Knochenbrüche 57
Kolonie 61
Körnerfutter 21, 22
Körperbau 8
Körperorgane 60
Krallen
–, ausgewachsene 57
–, zu lange 16, 19, 54, 57
Krankenbox 52
Krankenkäfig 52
Krankheiten 53
Krankheitsanzeichen,
–, allgemeine 51
Krankheitssymptome 51, 54
künstliche Pflanzen 12

Laute 35, 65
Lebensraum, natürlicher 60
Leberschäden 56
Legenot 56
Lockruf 65
–, Nest- 65
Löwenzahn 24
Luftfeuchtigkeit 15

Mauser 54
–, Jugend- 43, 69
Metallkäfig 10

Milben 55
Mineralien 25
Mutation 47

Nahrung, natürliche 21, 62
Nahrungsaufnahme 62
Naturzweige 16
Negersaat 22
Nest 19, 38, 39, 67
-bau 39, 40
-bautrieb 44
–, Brut- 19
-hygiene 42
-kontrolle 40
-lockruf 65
–, Schlaf- 19
Nisthilfen 19
Nistkasten 19
Nistmaterial 38, 39
–, Mangel an 44
Nistplatz 39, 67

Obst 23, 25

Paarbildung 35, 38, 66, 67
Paarung 38
Paarungslaut 65
Partnerwahl 38
Pflanzen, künstliche 12
Pflegearbeiten 31
Phosphor 25
Prachtkleid 7
Prägung 43
Prägungsphase 43

Rachenzeichnung 42
Rachitis 56
Raumtemperatur 15
Rotlichtlampe 52
Rote Vogelmilbe 55
Rufe 65
rupfen 44

Samen
– halbreife 21, 23
–, Wild- 22
Sand 29
Schaltuhr 16
Schlafnest 19
Schnabel 59
Schnabelwachstum
–, übermäßiges 57
Schubladen 9, 14

Sachregister

Schwarm 5, 61
Selbstbau 11, 14
– von Kistenkäfig 14
– von Volieren 11
Sinnesorgane 60
Sitzast 16
-anordnung 19
-befestigung 16
Sitzbaum 19
Sitzgelegenheiten 16
Sitzstangen 16
Spitzsaat 22
Spurenelemente 25
Standort 15
–, Käfig- 15
–, Volieren- 11
Stimmfühlungslaut 35, 65

Taeniopygia guttata castanotis 58
Taeniopygia guttata guttata 58
Temperatur, Raum 15
Tierarzt 53
Timor-Zebrafink 44, 58
Transport, Heim- 30

Transport zum Tierarzt 30
Trinkröhrchen 20
Trinkwasser 29
Typ 8
-fehler 8

übermäßiges Schnabelwachstum 57
Urlaub, Versorgung im 8

Verbreitung 60
Vererbung 48, 49
Verhalten 34, 61, 62, 65
–, aggressives 65
–, Angst- 62
Verhaltensstörungen 67, 69
Verhaltensweisen 61, 62, 65
Vermehrung 37
Versandhandel 7
Verstopfung 56
Vitamine 26, 29
Vitaminpräparat 26, 29, 53
Vogelapotheke 53
Vogelhaus 13
Vogelheim 9, 14

Vogelheim, selbstgebautes 14
Vogelkrankheiten 53
Vogellunge 60
Vogelmiere 24
Vogelmilben 55
Vogelstube 11, 13
Voliere 9, 11, 12, 13
–, Außen- 13
–, Boden der 12, 13
–, Eck- 12
–, Einrichtung der 12
–, Frei- 13
–, Fundament der 13
–, Groß- 11
–, Kauf der 9
–, Standort der 11
–, zerlegbare Klein- 11
–, Zimmer- 11, 12

Warnrufe 42
Wasser 29
-gefäße 20
Weichfutter 25
Weiße Zebrafinken 7, 38, 67, 69

Wellensittich 5, 6, 36
wildlebende Zebrafinken 49
Wildsamen 22
-mischung 24
Wutlaut 65

Zebrafinken, australische 44, 58, 59
Zebrafinken, weiße 7, 38, 67, 69
Zebrafinken, wildlebende 69
Zimmervoliere 11, 12
Zucht 37, 47
-buch 47
–, Farb- 47
-paar 37
–, Probleme bei der 44
-voraussetzungen 37
Zusatzbeleuchtung 16, 52
Zweige 16

Junge Zebrafinken, zu erkennen an ihrem schwarzen Schnabel.

GU Tier-Praxis

Prachtfinken
Christa Koepff
Eingewöhnung, Pflege, Ernährung, Krankheiten, Verhalten, Zucht

50 Prachtfinkenarten in Farbfotos und Beschreibungen

Gräfe und Unzer

Der praktische Ratgeber für Prachtfinkenbesitzer,

die mehr über das Wesen und die artgerechte Haltung ihrer Vögel wissen möchten. Mit neuen Erkenntnissen von Vogelforschern, Tierärzten und Prachtfinkenzüchtern.
144 S., 60 Farbf., 50 Zeichng. Pb.

GU GRÄFE UND UNZER